为北京奥运设计 | 北京 2008 年奥林匹克运动会形象景观设计系列丛书
中央美术学院奥运艺术研究中心
王敏 杭海 主编

玉与礼
北京 2008 年奥林匹克运动会奖牌设计

中国建筑工业出版社

Design for the Beijing 2008 Olympic Games | Series Books on the Image & Look Design of the Beijing 2008 Olympic Games
Art Research Center for Olympic Games of CAFA (ARCOG)
Chief Editors: Wang Min Hang Hai

YU & LI

Medal Design of the Beijing 2008 Olympic Games

China Architecture & Building Press

"非常感谢中央美院师生为奥运所做的巨大贡献!"

——雅克·罗格(Jacques Rogge)

国际奥组委主席

左页图(从上至下):中央美术学院院长潘公凯(左一)向国际奥委会主席罗格(左四)赠送奥运礼物。中央美术学院设计学院院长王敏(右一)陈述奥运工作。罗格(右一)拜访、参观中央美术学院。

奥运景观——一幅瑰丽的中国图画

王敏院长找我说,他们正在编写一套记述中央美院参与北京奥运会形象景观设计的图书,希望我能撰写个序,我欣然从命。他同我既谈及了编辑此书的初衷,也一同回忆起当初的中央美院以及清华美院和众多的设计师们满腔热情地参与奥运景观设计,殚精竭虑完成每项任务的工作情景,讲述到从学院的设计小组到奥组委的景观大团队那无数个日日夜夜、许许多多难忘的人和事。虽然北京奥运会已经过去几年了,这位曾任教于美国耶鲁大学并担任全球最大的图像设计软件公司设计总监的教授、设计师,当年就是为了奥运放弃了优厚待遇举家搬迁回国,担纲了中央美院设计学院院长和北京奥组委的形象景观艺术总监的艰巨任务。他现在讲述起当时的故事,依然那么热切,那么感人肺腑。言语中,他那份对奥运的深厚情结,对设计师们的尊重,对学院青年人成长、成功的欣慰,真的令我很感动。我作为当初负责奥运文化工作的部长,同大家有很深入的接触。我始终认为,参与北京奥运会景观设计的青年设计师团队是一支出色的、充满力量的未来新星,我切身感应到他们那平时看似不善言表,其实有着强大的内心和力量!我深知奥运的经历,奥运对每个人形成的那股精神力量是不灭的。当时所有参与者都是以能为奥运、为民族、为国家作贡献而骄傲、而自豪、而爆发。正是于此,北京奥运景观庞大的设计任务,极高的创意要求,以及很多难以想象的困难等,都在那些初登奥林匹克景观设计舞台的年轻设计师的团结协作、忘我拼搏和睿智辛劳下,创造出一个个美好的奇迹,完成了奥林匹克史上最丰富、最东方、最炫美的景观设计和应用。

赵东鸣
北京奥组委文化活动部 部长

北京奥运会的景观工作是经受了巨大的国际性挑战的,由于它的国际化、专业化、高水准要求,加之北京奥运的景观规模比雅典等城市要大得多,我们又是第一次举办,外国专家曾不只一次善意地怀疑我们是否有这样的专业能力,能否按时且高水平地完成申办承诺和如此巨大的景观工程。也有外国专家和公司多次想高价承担北京奥运会的景观设计和实施工作,对此,北京奥组委坚持使用中国自己的设计和实施力量,组建了年轻的形象景观工作团队。奥运会的重大创意、设计,是依靠和动员社会力量参加,充分调动社会人才和各方面专业力量的积极性来完成的,这些方式也为中央美院等院校、专业机构的师生、人才提供了难得的机遇。实践证明,依靠自己的人才力量的方针是十分正确的,正是他们把奥林匹克同中国文化完美地结合,从而创造出了会徽"中国印"、"金镶玉"奖牌、"祥云"核心图形、"篆书之美"体育图标、火炬等经典设计,完成了整个奥运城市、奥运场馆、各类奥运活动的景观设计及宏大工程。奥运之美的第一印象一定是奥运形象景观。北京奥运会的形象景观犹如"奥运之都"的一幅瑰丽的中国画,赢得了社会公众、媒体和国际奥委会的广泛赞誉和好评。萨马兰奇先生曾说:"北京2008年奥运会形象景观是'最好的、最出色的、国际化带中国特色的'"。对北京奥运会"无与伦比"的评价中有景观工作的突出贡献,作为奥运景观设计的主力军之一的中央美院最早、最多地承担了奥运会的设计任务,从学院领导到众多师生,都参加到重要的项目组及相关工作中,他们完成的很多成果已成为宝贵的奥运文化遗产。还有一批骨干先后调入奥组委文化活动部景观设计处、景观实施处工作,中央美院可以说为北京奥运会、残奥会发挥了巨大作用,功不可没。

王敏先生作为中央美院设计学院的院长想通过编辑这套书把学院参与北京奥运景观设计的历程和丰硕成果保留下来,把学院师生和设计师们表现出的家国情怀、奉献精神记录下来,我认为非常有必要、有价值,这不仅仅是记述历史、记述那些宝贵的设计成果,更是延续奥运精神、延续奥运带给我们民族的伟大创造精神。对此,我赞赏编纂这套丛书,感谢为该丛书出版献力的所有人,也由衷祝贺这套丛书的出版!

赵东鸣

2012年9月21日

上图：国际奥委会主席罗格（左六）来访中央美院，与中央美院领导、教授及嘉宾合影。

中国设计为奥运增辉

北京 2008 年奥运会设计是一个庞大和复杂的系统工程，在这一系列相关设计工作中，既要体现中国文化的特色以及为此作出的艺术性追求，为奥运留下一笔有中国特色的遗产，又要和奥林匹克传统精神相结合，实现设计本身的功能性要求，得到全世界人民的认可和接受，这确实面临不少挑战。

2006 年，经国际奥委会认可，北京奥组委批准，中央美术学院专门成立了奥运艺术研究中心，抽调师生专题研究北京 2008 年奥运会的视觉形象系统设计，成为北京奥组委指导下的重要设计团队。经过我院设计学院群策群力、师生齐心协力、各尽所长，奉献热情和智慧，完成了十多项与北京 2008 年奥运会有关的重大设计工程项目。2008 年，举世瞩目的第 29 届奥林匹克运动会在北京成功举办，奥运奖牌、色彩系统、体育图标、核心图形、奥运门票、残奥会会徽、奥运火炬传递景观设计、奥运地铁支线设计等视觉形象设计成果得到国际设计界的赞誉。

潘公凯
中央美术学院 院长

设计的过程充满艰辛。从提出想法到整合资源提出方案，再到提交奥组委竞标，采取分阶段创作、多层次管理的模式，尽可能地整合资源，发挥大家的创造力。更重要的是还要考虑设计本身的功能性要求，比如奥运艺术研究中心设计的导视系统，包括机场、高速公路以及体育场的指示标识，它们必须具备准确的指示功能，不能因为体现中国文化特色和追求艺术性而忽略这个基本诉求。其他如门票、注册卡的设计都是功能性要求很高的项目。另外，整个设计也要考虑对北京整体形象的塑造和交通设施的影响。如何让传统文化要素具有现代感，如何让北京这个拥有几千年历史的古都展现当代风采，如何通过我们的设计给各国运动员与观众留下一个美好的北京 2008 年奥运会的印象，这一直是我们在思考和努力解决的问题。这些项目的操作让中央美院的设计能力受到广泛好评，中央美院奥运设计团队被国务院授予"北京奥运会、残奥会先进集体"荣誉称号。中央美院设计的机场线地铁站也被誉为"世界上最有设计艺术性的地铁站"。国际奥委会也对这些设计评价很高，我们的团队最令他们吃惊的是，所有的奥运设计竟然来自学校的设计团队而非专业的国际设计公司。

时隔四年，随着新一轮奥运季的开始，本套丛书也将付梓。此套丛书的出版，将设计学院在奥运期间的作品付诸纸端，各项成果系统地再现于社会，一方面是对过去工作的回顾与总结，以及对这一重要历史阶段的记录；另一方面，奥运设计无疑为中国设计界带来一个提升的机会，奥运会本身就是中国形象、中国国力及民族自信心的一次绝佳的展示机会，它必然给中国设计带来正面、积极的影响。北京 2008 年奥运会之后，可能会有更多的中国自主设计涌现出来，成为文化产业与经济的推动力。

现代设计作为创意产业的重要内核，将艺术创造力与科学技术密切结合，将艺术与科技两种全然不同的创造方式整合为巨大的产业力量，是推动经济与文化发展的第二生产力。因为现代设计是将科学技术转化为文化优势和战略优势的智慧与保证。要从"中国制造"转向"中国设计"、"中国创造"，就必须发展上述两种实力：以"科学技术"作为解决产品的内在技术、功能及品质的实力；以"现代设计"作为解决产品的外观形态、人性化功能与品牌形象的另一强大实力。如果说以"科学技术"为基础的自主创新是中国产业转型的第一个发动机，那么，以艺术与文化为依托的"现代设计"就是第二个发动机。

与此同时，中国设计产业的发展和整个产业转型正处在关键时刻，我们应抓住时机，快速提升中央美院的设计创新实力，发挥其悠久的文化传统和强大的艺术创造能力，形成在设计产业方面的强大功能。也就是说，设计专业培养的学生和今后的设计师们，在中国产业转型中还肩负着重要的历史使命。本套丛书所涉及的整个项目经验及成果形成一套非常全面的教学实例，不仅使我们的日常教研受益匪浅，而且对于业内人士的启发、相关重大活动的参考以及设计产业的发展等均具有重要意义。

希望我们继往开来，续写奥运辉煌，再创中国设计新纪录。

潘公凯

2012 年 9 月 21 日

已褪色的景观，难以忘却的经历
——北京 2008 年奥运会设计的挑战与理念

常经过当年北京奥组委在北四环辅路上的建筑（左图），大楼墙上至今仍然留着 2008 奥运会的形象，正面是奥运会徽，东西两面墙上是作为奥运景观的"祥云"彩带。几年的时间过去，日晒雨淋，彩带褪色，失却了当年的光彩，"Beijing 2008"的大字也几近消失，每次看到时不免会有几分伤感。四年前，这里是奥运的指挥中心，是一个令人激动的场所，墙上的景观彩带是设计师们几年设计与研究的成果，并由中央美院的设计师胡小妹等人完成。现在景观色彩褪色，可记忆犹存，尽管四年过去了，那激动人心的一段时光仍然十分清晰，参与奥运设计七年，经历了无数的不眠之夜，无数的会议、大量的比稿，那既是令人激动的时期，也是参与设计人员的一段痛苦旅程，今天回顾仍然历历在目。中央美术学院奥运艺术研究中心众多的老师、同学为了那场盛会献出了太多的心血、智慧、激情、辛劳与奋斗，这段经历难以忘却，记忆永远不会褪色。

王敏
中央美术学院设计学院 院长
中央美术学院奥运艺术研究中心 主任

今年那座建筑上褪色的"祥云"彩带突然焕然一新，又恢复了当年的色彩，也许是因为今年是奥运年，伦敦在举办奥运，也许是因为大楼的新主人与我们一样，仍有强烈的奥运情结。一段逝去的时光是如此显耀，如此光彩，如此动人，褪色是让人难以接受的事实，所以大楼的业主不惜重金重塑当年景观，尽管这几乎带有几分荒谬的色彩，却有着北京人能够理解的理由。以同样的心态，但以更多的理由、更迫切的愿望，我们在四年之后将中央美术学院奥运艺术研究中心的作品重新呈现在这套系列出版物中。这套丛书共四册，分别是：凤与火——北京 2008 年奥林匹克运动会火炬接力形象景观设计，玉与礼——北京 2008 年奥林匹克运动会奖牌设计，云与气——北京 2008 年奥林匹克运动会核心图形及形象景观系统设计，形与意——北京 2008 年奥林匹克运动会体育图标/指示系统设计。在这套丛书中，我们选择了最有代表性的四项奥运设计，将设计的过程、理念、原始材料呈现给读者。

奥运中心的同仁们在完成这套丛书的过程中少不了痛苦的回味，也少不了些许自满。与奥运大楼上的景观翻新不同的是，我们出这套丛书不仅仅是重现当年的色彩，不仅仅是为了怀旧的目的，更多的是随着时间的流淌，今天的我们整理当年的工作时，更为理性、更为成熟，编辑过程中有激情后的深思，有荣光后的反省，也有更为宏观的审视。其中涉及的设计理念，中国设计师对中国设计风格的追求、设计方法、设计管理的方法、设计决策的产生过程、决策机制、政府的参与等问题恰好是当今中国设计师、设计界关注的话题，既有奥运的意义，也有奥运之外更为重要的价值，我们绝不是仅仅为了怀旧的目的来出这套丛书。

历届奥运设计被誉为世界最大的设计项目，其重要程度，涉及的人员之多，机构之多，受众人数之多以及项目的繁杂程度是其他设计项目无法比拟的。作为中国的第一次，我们有义务对我们所参与的部分进行总结、整理，将这些史料保存下来。其一，对于国际奥林匹克运动，知识经验的传承是国际奥委会管理上的一大特色，每届奥运会都要将其经验传给后面的主办城市，以期让知识与经验得以传承，不断提高办会水平。回顾奥运历史，我们可以清楚地看到知识传承带来的好处。其二，作为中国设计史上一件重要事件，我们应该有很详尽的记录，以备后人研究这段设计史时作参考。设计学科在中国近年来正面临着巨大的发展，在教育界已升格为一级学科，对设计重要活动的记载是一种责任。其三，对这个中国设计发展的里程碑般的事件进行学术梳理也是我们作为学术机构应尽的职责。其四，得益于中国建筑工业出版社从总编辑到编辑们的全力支持，我们今年放下很多手头的工作，集奥运中心核心团队之力，全力完成这套丛书的编辑与设计。我们力求忠实地记录这段历史，希望将中央美术学院所有参与奥运设计的人员都记录在这套书中，不漏掉一个人。我们也希望在这里公正地记录我们与其他机构合作的过程，感谢所有那些曾给予我们无私支持的机构与人员。我们知道，还会有很多遗漏与误记，有时记忆还是会褪色的，这也是急于出此套书的目的之一。

奥运形象与景观设计

国际奥林匹克运动有清晰的理念、卓越的品牌管理。作为构筑与宣传现代奥林匹克品牌的手段之一便是每届奥运会完美独特的奥运形象与景观。萨马兰奇曾说过：一所花费几千万盖起来的体育馆如果没有奥运景观，那它就不是奥运场馆。通过每届运动会独特但又集聚奥运理念的形象设计，通过奥运期间无处不在的奥运景观，奥林匹克理念在全世界得以传播。它超越国界，超越宗教，超越政治，将一种美好的精神与理念传递给几十亿人并深入人心，成为全世界最为成功的品牌之一。奥运会从来就不仅是竞技的平台，它在人类追求体能的完美与巅峰的同时，也是人类追求精神层面更高、更强的一次次展现，是文化的盛宴，是设计师的舞台。

北京奥运会从筹备开始，奥运形象一步步产生。首先是会徽，接下来是色彩系统、二级 标志、单项体育图标、核心图形、奖牌。每次奥运形象与景观元素的完成和推出都伴随大量媒体宣传，不断地唤起百姓的奥运热情，烘托奥运气氛。北京奥运会期间，有着自己独特面貌的北京奥运形象景观无处不在！它伴随着运动员创造奇迹的时刻，将北京奥运的独特风采、奥运的理念展现给全世界，通过对形象元素的设计、开发和一体化的应用管理，创造出了北京2008年奥运独特、完整而又具有一致性的视觉形象，塑造了一个充满奥运精神与色彩，令人激动的比赛环境。奥运形象也出现在机场、街道、宾馆，出现在电视、宣传材料以及大量的特许产品上，它通过诸多途径展示在全世界几十亿观众面前。奥运形象景观设计在展示自己独特形象的同时又达到设计的功能需求，为运动员与观众营造了完美的奥运体验。北京奥运形象与景观设计向世界展示了中国的文化传统、新的城市形象和人文精神，"祥云"、"篆书之美"体育图标、"金镶玉"奖牌等形象延续中国文化精神，将北京固有的传统文化优势弘扬光大，同时又富于现代色彩，将活力、动感、前卫与千年古城形象以及中国传统文化联系起来，赋予北京以新的文化符号与时代精神，体现了中国传统美学的精华与神韵，是中国文化、理念与奥林匹克精神的完美结合。

2003年年底，我曾去雅典学习2004年奥运形象设计与管理的情况，回来后曾表示过自己的担忧：离开雅典前夜，雅典奥运会形象设计总监西奥多拉·玛莎里斯（Theodora Mantzaris）对我很有感触地谈了一番话，她谦虚地说："我们无法与你们相比，北京有更大的平台去展示你们的创造力。"是的，与雅典相比，北京是一个更大的舞台，人多、钱也多，又有一个拥有13亿人口的国家作后盾，我们中国人对在本土举办奥运的向往与激情，也许比希腊人还要来得强烈，这从我们的会徽发布仪式的壮观，以及举国民众对此的关注热情中就可以看出来。但是，如果在今后几年里，我们不能给国人的殷殷期盼以满意答卷，也没能确立起一个明确、清晰，既富有民族特色和中国传统文化深厚底蕴，又极具现代魅力和国际化风采，既为国人所广泛认同，又为世界所普遍接受的奥运形象，以及仍没能建立起一套完整有效的形象设计管理系统，没能形成一个为同一目标而精诚合作的优秀设计团队的话，那么不仅是我们这些承担了奥运形象设计任务的设计师会愧对全国人民，作为2008奥运主办地的中国首都北京也就不能实现其为世界、为我们的后代奉献和留下一份独特的奥林匹克形象的夙愿。

当初的担忧不无道理，尽管进入21世纪，但中国设计界还处于不成熟期，相关的决策机制尚可能有需不断完善之处。一个理想的奥运形象与景观应该建立在一个清晰的理念下，"同

一个世界 同一个梦想",还要同一个理念,同一个声音,同一个形象,这样才会有和谐统一的传播形象。奥运形象与景观包括会徽、形象指南、主题口号、色彩系统、二级标志、单项体育图标、核心图形、奖牌、火炬、制服、竞赛场馆景观、非竞赛场馆景观、电视转播、网站、出版物等,有着许多方方面面的东西,要求完全的统一、协调,不光设计,设计决策、设计管理也十分重要!这是一个复杂的系统工程。筹备奥运初期,我们从很多方面还不具备将这样一个复杂的设计工程做到国际水准的条件,仅设计决策过程就是一个大问题,体制的限制,对设计认识的缺乏,对设计师的不尊重等问题是实现一个国际水准的设计系统工程的很大障碍。

北京2008年奥运会带给中国设计师的挑战与机会

2001年,北京赢得了举办第29届奥林匹克运动会的机会,全北京陷入狂欢之中。取得奥运会的主办权对13亿中国人来说具有特殊的意义,它不仅是举办一场国际体育盛会的机会,也是一个民族崛起后的亮相,更是中国重新打造自己国家品牌的机会,让被曲解的中国重新被世界认识。有这样的心态与诉求,不难理解中国政府、民众与设计师当年对奥运的投入与热情。

古希腊奥林匹克是为了显现人类的美、自然的美、力量的美。现代奥林匹克也同样是人类美的彰显,历届奥运会都是艺术家、设计师发挥艺术才能的机会。奥运会是中国设计师走向世界的一个好的机会!1964年东京奥运会使日本设计为全世界关注,1988年首尔奥运会让韩国设计师增添了很多自信心,2008年北京奥运会应该是中国设计师向国际设计界推介自己的机会。奥运会让中国人提升民族自尊心、自信心,也让中国设计师增加自信心,而自信心是创造力,是中国设计走出自己道路、自己个性的必要条件。中国的设计从20世纪80年代起开始飞速发展,经历了迷乱、模仿、无序、不自信到大发展、自觉、自信的过程,对中国设计而言,奥运会是一个契机,是一个舞台,是一次让中国设计呈现一个新面貌的机会。

1964年东京奥运会海报。

北京2008年奥运设计与随之带来的机遇是国内设计师十分关注的,它涉及的中国设计本土特性、民族性与国际性的思考,也是当时中国设计界十分关心的议题。奥运是一项国际体育盛事,也是一场文化盛典,是奥运会举办城市、举办国家彰显自己独特文化、历史的难得机会。从我们参与奥运设计之始,就有一个很明确的目标:将中国理念与奥林匹克精神完美结合;将中国传统文化与现代审美完美结合;创造出独特的具有中国色彩和中国风格的设计;用我们的设计激励运动员;通过我们的设计让奥运观众留下难忘的奥运经历;让我们的设计成为奥运遗产。我们一直坚守这样的设计理念:北京2008年奥运会的形象设计应该是具有浓郁中国气质、中国精神、中国风格,同时又是具有时代感的、当下的设计。我们是在为一场国际体育运动会做设计,在弘扬中华文明的同时,我们也不能仅仅把奥运会做成中华文明展,我们的设计要让北京奥运现场的观众,以及电视前的40亿观众共同有一个美好的奥运体验,这就要求我们的设计用国际通用语言叙说中国故事,在讲述中国故事的同时体现奥林匹克精神,实现设计功能的需求。

1988年首尔奥运会海报。

要做到这些,需要在长达5年的漫长奥运设计过程中,自始至终有一个清晰的目标与明确的方向,时时把握尺度,平衡传统与现代、中国与世界、体育与艺术、功能与审美、梦想与现实,现有的决策机制与艺术家自由精神等之间的关系与尺度。在几年为奥运设计的过程中,我不断向自己、向我们的团队成员提出这些问题:如何将奥运精神与中国理念相结合?如何连接传统与现代?如何创造出独特的中国色彩与形式?如何去感动成千上万的人心?如何带给运动员与观众美好的体验?几年的奥运设计过程是不断提醒、反省、提高的过程。今天回想起来，尽管整体奥运设计上还有些遗憾，我们还可以做得更好、更精、更到位，但是有一点我们应该满意，即北京2008年奥运设计实现了将奥运精神与中国理念相结合的诉求，连接了传统与现代，展现了独特的中国色彩与形式，比如奖牌与单项体育标识。这在国际上是大家公认的，在多次国际设计会议上都听到同行们的赞赏。2010年美国《纽约时报》的网站上发布了著名设计评论家斯蒂夫·赫勒的关于奥运单项体育标识的节目，其中提到北京的体育图标具有独特的文化特色，是出色的设计。

中央美术学院奥运艺术研究中心

北京奥运形象景观规模之大，涉及范围之广，涉及人员之多，操作时间之长，应该说这是在中国前所未有的一项形象与景观设计工程。从2003年起，中央美术学院设计学院大批的教师与学生有幸参与了这项工作，也为此付出了大量的心血，所取得的成就是历史性的。我们有可能做到这一点，与我们有一个参与奥运的平台——中央美术学院奥运艺术研究中心，有一个将教学与社会设计实践结合的机制有很大关系。

2001年，我受邀回国为北京奥申委设计多媒体申奥陈述报告。作为一个熟悉东西方设计语言，有着二十年在欧美的学习、教学与工作的经历，特别是具有在跨文化领域信息传达设计经验的设计师，十分适合也有幸能为北京做申请奥运的形象设计，做2001年7月13日北京奥申委在莫斯科国际奥委会全会上的申奥多媒体陈述报告的设计。参与申奥的工作让我重新认识我离开二十年的中国，我很想借参与奥运设计的机会来为中国设计教育、为中国设计崛起做点事，尤其是不想错过参与奥运设计这个难得的机会，所以申奥设计过程中曾向刘淇书记与刘敬民副市长许诺：申奥成功后回国参加奥运设计。2003年回国后即开始任教于刚成立的中央美院设计学院并任院长。其时中国设计教育正在大发展的重要时期，为了能够在推动设计教育发展的同时做奥运设计，我在中央美院领导与北京奥组委的支持下，成立了奥运艺术设计研究中心，当时潘公凯院长、杨力书记、谭平副院长等领导都亲自参与了筹备工作。由中央美院这所中国最高艺术学府成立机构为北京奥运会的设计作研究并提供服务对北京奥运是件很好的事情，但筹备与成立还是经历了巨大的困难，特别是为了得到北京奥组委与国际奥委会的批准并非易事，这之前世界上只有几个与奥运相关的研究机构，以形象与景观设计为主的还没有。记得就在我们正式成立的前几天，中央美院的杨力书记还半夜三更帮助我去说服时任奥组委秘书长的王伟，第二天早晨又去找刘敬民与蒋晓愚副主席做工作，之后是王伟秘书长召开了包括法律部、市场部、文化宣传部在内的奥组委各部门领导的办公会，当场打电话去国际奥委会请示并得到批准。

研究中心自2004年1月成立之后，先后完成了奥运会体育图标、"金镶玉"奖牌、火炬接力景观、奥运景观等大量的设计，中心也先后完成了北京2008年奥运会几乎所有形象与景观相关的标准制定与指南的设计。这是奥运历史上首次由学校老师、学生参与完成如此重要的设计，奥运形象与景观设计被称为世界最大的设计项目，从来都是由国际知名大设计公司完成的，我们能够做到这些有几点是关键：1. 奥运设计是专业性很强，要求特殊的复杂工程，它要求设计师不仅有很好的设计能力，还要有对奥运理念的深刻理解，有对往届奥运会的研究，有对体育竞赛的知识。开始时我们的学生和老师并不具备这些，所以在参与奥运设计的初期让学生与老师花费很多时间研究奥运形象与景观，了解奥运理念，我为此还去了雅典取经，现场详细了解形象与景观的设计过程、制作过程、管理过程，回来后为大家作了详细介绍，后面我们能够在一次次的奥运设计竞标中胜出与此有很大关系，因为前期我们作了充分的准备，所以在设计中可以正确把握尺度,正确建立设计的目标与方向。2. 学生可以有很好的创意，有新鲜的想法，但学生参与这种历时很长的项目有困难，他们不能一直在团队内，他们有课

北京申奥多媒体陈述报告部分截图。

程要上，他们几年就要毕业离开学校，但奥运设计需要十分专业的成果，也需要专业的经验，我们奥运中心配备长期工作的设计师，他们是研究生或已毕业的学生，他们的参与确保了设计的专业性。3. 学校的首要任务是教学，是培养学生，参与奥运不能妨碍教学，相反应该变成对教学有帮助的社会设计实践，这样我们才会在5年的时间内不间断地参与奥运设计，同时提高了我们的教学与研究水准。今天，当我们重新回顾奥运设计的历程，十分欣慰的是，我们不仅圆满完成了这项重要的设计任务，还培养了一批优秀的设计人才。这次主要参与编写、设计这套丛书的几位奥运中心的核心团队人员——陈慰平、王捷、胡小妹、王雪皎，开始参与设计奥运项目时都还是学生，今天陈慰平、王捷已经是中央美院的教师，胡小妹是在读博士生，王雪皎目前在北京一所大学任教，他们都已成为优秀人才！其他很多参与奥运设计的美院毕业生正在将他们参与奥运设计所得到的经验运用到设计实践中，并且卓有成效！特别需要一提的是，北京奥运会结束后，在奥组委工作的胡小妹收集、整理了大量景观文件，这些各个时期的基础资料与往来信函，成为我们在本套丛书中回想、梳理、研究整个北京奥运形象设计系统与实施框架的重要基础。

奥运艺术研究中心先后有多人参与管理工作，成立初期是由我做主任，宋协伟、许平、马刚、黄克俭、王子源等人做过副主任。宋协伟在早期的项目中做了大量工作，从艺术指导到组织工作发挥了很大作用，后来因为出国学习不能继续参与中心工作。宋协伟出国后，王子源在很长一段时间内担任副主任，主持日常工作，为中心的建设作了很多前期铺垫，直到杭海2006年接任。杭海担任副主任，后为常务副主任至今，多年来为中心工作贡献很大，这是大家有目共睹的。2003年的夏天，奥运中心成立之前，为了开始奥运的设计工作，谭平院长建议让林存真来辅助我做奥运项目，所以林存真是中央美院最早开始介入奥运设计项目的老师，后来她又去奥组委工作，为奥运设计工作长期奉献，做了大量工作。2003年的夏天，宋协伟、刘治治、何君、广煜最早介入做奥运会徽使用指南，后来晋华、许平等人陆续参与。中央美院前后有很多人参与这项工作，很多人多年来为奥运、为中心默默地奉献，不是为了报酬，不是为了荣誉，这是另一种奥运精神！希望在这套丛书里，我们起码能将这些人的奉献留下记载。多年来，中心也得到中央美院各方的支持，他们为我们顺利完成这么多设计项目护航，包括几位院领导大力支持，当时的范迪安院长还亲自出面为我们的色彩项目向奥组委作陈述报告。中心也为北京奥组委输送了人才，多人去奥组委工作，林存真担任了形象景观设计处副处长，陈慰平参与了火炬接力景观工作，胡小妹、高鹏和段雅婷在形象景观设计处，我担任了形象与景观艺术总监。中心也承担了其他许多重要设计项目，2011年深圳世界大学生运动会的形象与景观工作便是由中心来完成的，运用奥运的设计经验，我们为大学生运动会设计了与北京奥运风格极为不同的形象，突出了青春活力，展现了一个南方崭新大都市不同的精彩。

2004年1月6日，奥运艺术研究中心成立现场。

在研究中心几年的工作中，特别值得提到的是中央美院谭平副院长不仅一直大力支持、参与我们中心的工作，他本人也参与了大量奥运的工作，从早期作为会徽的评委到后来多次参与奥组委的设计评审工作，以及参与了很多中央美院奥运项目的指导，像对中央美院团队奖牌设计与火炬设计的指导与参与。我们的"金镶玉"奖牌方案被采纳，人们很熟悉，火炬方案没有被应用，但作为设计方案，我们一直引以为豪，进入终评，排在第二位的中央美院基于中国古代乐器的设计既具有十分民族味、敦厚圆润的造型，又具有极好的功能性，文化内涵与实用性完美地结合在一起。谭平副院长的参与与指导对于奥运艺术研究中心的工作起到了很大的促进作用。

这里摘取一段有关奥运中心的简介："中央美术学院奥运艺术研究中心是唯一经北京奥组委同意、由中央美术学院设立的一个旨在创造北京奥运良好艺术与人文环境的艺术与设计学术

中央美院的火炬设计方案。

研究、创作及咨询服务机构，也是全国唯一的奥运艺术研究与发展中心，于 2004 年 1 月 6 日在中央美术学院成立。中心主任为王敏，杭海为常任副主任。中心的服务口号是'为北京奥运'积极配合第 29 届奥林匹克运动会的筹备工作，从事与奥林匹克运动及第 29 届奥林匹克运动会有关的视觉形象系统相关设计的研究及开发，开展奥林匹克理念与形象常识的普及宣传，配合奥组委完成各项形象系统的设计、管理及质量监控工作，定期举办奥运与人文艺术、奥运形象与景观等专题的研讨、展览等普及宣传活动，并将奥运艺术与设计项目融入中央美术学院的教学与科研内容中，积极探索艺术与设计教学和科研与北京奥运融合的各种方式与可能。中心已经顺利完成多项奥运设计项目，如奥运会 / 残奥会奖牌设计、奥运会 / 残奥会体育图标设计、奥运会色彩系统设计、奥运会核心图形设计、奥运会形象景观 KOP 系统设计、奥运会火炬传递核心图形设计、奥运会 / 残奥会火炬传递形象景观系统设计、奥运会 / 残奥会门票设计、奥运会注册卡设计、奥运会导示系统设计、奥运会 / 残奥会官方海报设计等。中心在北京奥运会结束后继续进行与奥运会相关的学术研究工作，并有针对性地对国内外大型活动项目进行规划、开发、研究、设计等工作。"

中央美术学院奥运设计团队是一个让我为之骄傲的团队，奥运艺术中心集聚了我们的资深教授与老师，又有一批极为优秀的学生，这是一个国际水准的团队。国际设计师协会联盟（ICOGRADA）副主席大卫·伯曼（David Berman）在看了中央美院师生的奥运作品之后激动地说："2008 北京奥运会的视觉传达设计由北京中央美术学院的一组设计学生和老师来完成。我很幸运受邀观看了其中的一些设计，这些作品完全让我以为是在洛杉矶的一家顶级设计事务所完成的，产品和过程都是如此。世界上最广为人知的标识掌握在一群卓越人士的手上，于是我开始集中思考他们的教育体系的优点。"

王敏

2012 年 9 月

北京 2008 年奥运会设计评述

我有幸在 2008 北京奥运会会徽发布后不久认识了王敏。很快,我们开始了一段长达五年的合作,这让我有机会与中央美术学院的设计团队及其中很多有天赋的学生一起密切合作。对于王敏的设计才干,我是知道的,但实话实说,当我听说一所设计学院将会承担起设计世界上规模最大、曝光度最高的设计挑战——奥运会的形象设计时,我是很担心的。与从未接触过系统设计思维的年轻设计师一起工作,而工作内容则是在各式各样的运用中表达一个贯通的主题,这似乎不太可能取得成功。但最后不但证明我错了,而且我还为最终的作品所打动。中央美术学院团队所表现出的天分、干劲和毅力完全可以与我所合作过的最优秀团队相比肩。我用几个标准来衡量奥运设计。它有没有解决问题?它是否具有弹性,能够在各种应用和媒介中应付自如吗?它是否有文化内涵?它是否适用于奥运会?最后,它能否达到增强转播的效果?祥云是北京奥运的核心图形,它是所有奥运场馆应用的基础,从祥云的设计开始,王敏的团队创建了一个涵盖很多且最重要的奥运设计元素的设计系统。依我看来,北京 2008 年奥运会体育图标设计是迄今最好的设计之一,它以现代、简洁的形式捕捉到一种中国传统的艺术形式,既能大幅面出现在多数设计应用中,也能小幅面使用,用于功能性设计之中如日程表和导视系统等。

衡量奥运设计的另一个途径是原创性,即这个设计是否是奥运会首次使用。北京 2008 年奥运会奖牌显然达到了这种状态,而这是非常不容易的。国际奥委会(IOC)对奖牌的设计参数有相当严苛的要求,奥运奖牌的正面每届都必须保持一致,所以能够让设计者发挥创意之处只有在背面。中央美术学院的团队并未将此当作一种限制,而是看作一种机遇。他们将一片玉环嵌在每块奖牌的背面,这是奥运奖牌上第一次使用两种材料的设计,不仅独一无二,而且在文化上也是有渊源的,这是真正的奥运会首创。

奥林匹克海报一直备受国际奥委会的重视,它们也是最重要的奥林匹克收藏品之一。由中央美术学院团队所设计的北京 2008 年奥运会的海报在过去十年间所出现的最优秀体育海报中占有无可争辩的一席。

当我在 2003 年展开与北京奥组委合作的个人历程之时,如何创建一个代表"新中国"的形象是每个人都在首先思考的问题。中国的历史源远流长,应该用什么样的概念,它应该以何种视觉效果呈现?它能否避免陈词滥调?它如何与奥林匹克运动的价值与理想相关联?最终,这届奥运会的主题定为"同一个世界 同一个梦想",它引领了"祥云"图形的产生,捕捉住了奥林匹克运动与中国人民所共有的价值观。通过多维色彩的表达,这种来源于中国的丰富遗产,以现代的流动色彩渐变呈现,奥运会形象景观改变了这座城市,向中国和世界传达了一幅清晰的图景,一幅关于中国设计的力量和未来的图景。

布拉德 · 科普兰(Brad Copeland)

2012 年 9 月

布拉德 · 科普兰
国际奥委会形象景观顾问

北京 2008 年奥运会设计评述

北京 2008 年奥运会的设计为奥林匹克运动提供了一个价值非凡的设计遗产。其卓越之处不仅在于强大的战略基础和出色的创意,更在于它既完美呈现了奥林匹克的固有理想,又向世界成功传达了"中国欢迎您"的信息。

北京奥运会的会徽是一个中国印,以一个汉字的形式表现一名运动员。它讲的是一种非常国际化的语言,这种语言,来自全世界的人们都能理解和领会。

"祥云"这种视觉元素是所有视觉应用的醒目背景。它充满视觉能量与和谐,诗意与宁静地表达在各个场馆,营造出一个典雅、独特、智慧的节日氛围,它是对运动员们的真正激励。

体育图标是奥运会最为重要的设计应用之一。为北京 2008 年奥运会所设计的体育图标是现代奥运会最好的设计之一,其灵感源自中国不同地区发现的岩洞雕刻。黑白的设计诠释了体育图标的原始含义,又表现出雕刻拓印在纸上的样子。它们有渊源,充满文化意蕴和审美平衡,同时高度功能化。这是一套强烈的、视觉平衡的、永远不会过时的体育图标,在未来若干年内都将是被学习的样本。

北京 2008 年奥运会体育海报是一套具有突破性创意的设计佳作。它使用了体育图标和动态的运动员形象,沿用体育图标拓片的形式,以黑白画面表达。北京再一次将海报制作的艺术提升到一个新高度,提供了一套精彩的、足以创造奥运会设计历史的、独一无二的体育海报。

奖牌设计的开创性概念是将玉这种原产于中国的石头镶嵌在奖牌中。玉给奖牌带来一种特殊的品质,在奥运运动员的家乡以及在洛桑奥林匹克博物馆的奖牌收藏中,这套奖牌都是极具价值的中国文化大使。

为奥运会创建并实施一套形象是一项困难重重的艰巨任务,但在王敏这位极具创造性的专业人士的领导下,整个项目的实施和完成都是世界级的。

北京 2008 年奥运会的设计具有一种强烈的视觉特征,文化意蕴无处不在。每一种应用的背后都可以找到一个出自中国历史的传奇故事,以此而言,这一作品在整体上堪称奥运设计家族中的一个杰作。

西奥多拉·玛莎里斯(Theodora Mantzaris)
2012 年 9 月 14 日

西奥多拉·玛莎里斯
雅典奥运形象景观设计创意总监
北京奥组委品牌顾问(2004-2008)

目 录

7　　奥运景观——一幅瑰丽的中国图画（赵东鸣）

9　　中国设计为奥运增辉（潘公凯）

11　　已褪色的景观，难以忘却的经历——北京 2008 年奥运会设计的挑战与理念（王敏）

17　　北京 2008 年奥运会设计评述（布拉德·科普兰）

19　　北京 2008 年奥运会设计评述（西奥多拉·玛莎里斯）

27　　北京 2008 年奥运会奖牌设计中央美术学院团队成员名单

29　　玉与礼——北京 2008 年奥运会奖牌设计理念与提案策略

第一章 北京 2008 年奥运会奖牌设计初评阶段

33
35　　北京 2008 年奥运会奖牌设计方案征集活动邀请函（原文）

37　　中央美术学院奥运奖牌设计团队

43　　方案一："佩玉"

45　　玉璧的启示

47　　方案二："星云"

51　　方案三："丝舞"

55　　方案四："光彩"

59　　"佩玉"、"星云"方案初评入围

第二章 北京 2008 年奥运会奖牌设计复评阶段

61
63　　"佩玉"、"星云"方案的设计调整

67　　"佩玉"奖牌挂钩修改与整体造型确立

69　　"佩玉"和"星云"两套方案复评入围前三甲

第三章 北京 2008 年奥运会奖牌设计中标阶段

75
77　　北京奥组委对"佩玉"方案的评价与修改意见（原文）

79　　"佩玉"方案玉璧表面图案调整

81　　"星云"方案云纹调整

85　　"佩玉"奖牌中标

第四章 北京 2008 年奥运会奖牌设计修改完善阶段

87
89　　北京 2008 年奥运会奖牌设计修改团队成立

91　　"佩玉"奖牌用玉策略与选玉标准

97　　对"佩玉"奖牌用玉易碎的担忧

99　　"佩玉"奖牌嵌玉结构安全性的技术探讨

101　　第一次奖牌跌落试验

103　　"佩玉"奖牌边宽的整体考量

105　　第二次奖牌跌落试验

107　　第三次奖牌跌落试验

109	第四次奖牌跌落试验
117	北京 2008 年奥运会奖牌最终定型
119	"佩玉"奖牌用玉形制的后续争议

123　第五章　北京 2008 年奥运会奖牌附属设计

125	北京 2008 年奥运会获奖运动员证书设计
127	获奖证书的绫纹设计
129	获奖证书的工艺制作
133	获奖证书的赛时信息打印
135	北京 2008 年奥运会奖牌漆盒包装及外包装锦盒设计
137	北京 2008 年奥运会奖牌挂带设计

139　第六章　北京 2008 年奥运会奖牌发布

163　第七章　北京 2008 年奥运会奖牌设计访谈

175　北京 2008 年奥运会奖牌设计大事记

Contents

7	The Olympic Look – A Magnificent Chinese Picture (Zhao Dongming)
9	Chinese Design Adds Lustre to the Olympics (Pan Gongkai)
11	The Image May Discolour, the Experience is Always Unforgettable – Challenges and Concepts of the Design for the Beijing 2008 Olympic Games (Wang Min)
17	The Beijing 2008 Olympic Games Design Review (Brad Copland)
19	The Beijing 2008 Olympic Games Design Review (Theodora Mantzaris)
27	The List of the Members of the CAFA Design Team for the Medal of the Beijing 2008 Olympic Games
29	Yu & Li-Design Concept and Proposal Strategy of the Medal Design of the Beijing 2008 Olympic Games
33	**Chapter I Initial Jurying Phase of the Medal Design of the Beijing 2008 Olympic Games**
35	Invitation–Medal Design Proposals of the Beijing 2008 Olympic Games
37	Formation of the CAFA Design Team for the Olympic Medal
43	Proposal One: Jade Pendant
45	Inspiration from the Jade Plate
47	Proposal Two: Star & Cloud
51	Proposal Three: Dancing with Thread
55	Proposal Four: Light & Colour
59	The Jade Pendant and the Star & Cloud: Finalists of the Initial Jurying
61	**Chapter II Second Jurying Phase of the Medal Design of the Beijing 2008 Olympic Games**
63	Design Tuning of the Jade Pendant and the Star & Cloud
67	Revision of the Hook of the Jade Pendant Medal and the Finalization of the Overall Form
69	Jade Pendant and Star & Cloud: Top Three Finalists
75	**Chapter III Bid Awarding Phase of the Medal Design of the Beijing 2008 Olympic Games**
77	BOCOG Comments and Opinions for Revisions to the Jade Pendant Proposal
79	Surface Pattern Tuning of the Jade Pendant Proposal
81	Cloud Pattern Tuning of the Star & Cloud Proposal
85	Jade Pendant Proposal Awarded the Bid
87	**Chapter IV Revision and Perfection Phase of the Medal Design of the Beijing 2008 Olympic Games**

89	Formation of the Design Revision Team for the Beijing 2008 Olympic Medal
91	Jade Using Strategy and Jade Selection Standards of the Jade Pendant Medal
97	Concerns over the Fragility of the Jade Used in the Jade Pendant Medal
99	Technical Explorations on the Firmness of the Jade Structure of the Jade Pendant Medal
101	The First Medal Falling Test
103	Overall Consideration of the Edge Width of the Jade Pendant Medal
105	The Second Medal Falling Test
107	The Third Medal Falling Test
109	The Fourth Medal Falling Test
117	Final Version of the Medal of the Beijing 2008 Olympic Games
119	Subsequent Debates on Jade Using of the Jade Pendant Medal
123	**Chapter V Auxilliary Designs of the Medal of the Beijing 2008 Olympic Games**
125	Design of the Winner Certificate of the Beijing 2008 Olympic Games
127	The Silk Pattern of the Winner Certificate
129	Production Process of the Winner Certificate
133	Event Information Printing of the Winner Certificate
135	Design of the Lacquer Case and the Outside Brocade Box for the Medal of the Beijing 2008 Olympic Games
137	Ribbon Design of the Medal of the Beijing 2008 Olympic Games
139	**Chapter VI Announcement of the Medal of the Beijing 2008 Olympic Games**
163	**Chapter VII Interviews on the Medal Design of the Beijing 2008 Olympic Games**
175	**Chronicle of the Medal Design of the Beijing 2008 Olympic Games**

◎ "Look" 为奥林匹克品牌视觉系统专用名词。

北京 2008 年奥运会奖牌设计中央美术学院团队成员名单

〔项目名称〕北京 2008 年奥运会奖牌设计
〔起始时间〕2006 年 1 月至 2007 年 3 月
〔项目总监〕王敏
〔设计总监〕杭海 / 王沂蓬 / 肖勇 / 许平
〔团队成员〕薛梅 / 刘洋 / 朱子甲 / 刘宇晗 / 张儒赫 / 李政 / 姜音 / 王璐 / 包世洪 / 吴迪

〔项目概述〕
2006 年 1 月 11 日,北京奥组委召开新闻发布会,向全球发出公开征集北京 2008 年奥运会奖牌设计方案的邀请,同时邀请中央美术学院、清华大学美术学院、中国印钞造币总公司等 11 家专业机构作为奖牌设计的定向邀请单位。

中央美术学院奖牌设计团队由中央美术学院设计学院王敏院长任项目总监,杭海副教授负责奖牌整体设计及提案策略,肖勇副教授担任奖牌前期创意指导,王沂蓬副教授负责奖牌后期工艺及跌落试验。

经过近三个月的征集,北京奥组委共收到应征作品 265 件,其中有效应征作品 179 件。

北京 2008 年奥运会奖牌设计评选采取初评、复评及终审三个步骤。

2006 年 4 月 13 日,北京奥组委召开北京奥运会奖牌设计方案评审会,邀请国内艺术、雕刻、造币等领域的专家、学者以及北京奥运奖牌赞助商必和必拓公司代表,依据奖牌设计规则,对 179 件有效应征作品进行初评。经过评审委员会投票,遴选出十件作品进入复评,中央美院的"佩玉"、"星云"两套方案入围。"佩玉"方案最早源自于中央美院学生团队的原创概念,经由团队集体智慧与努力,在听取各方意见后最终成型。

2006 年 6 月 7 日,北京奥组委对入围的十件作品以及奖牌挂带、包装盒、证书等附属设计进行复评。按照复评程序,投票评选出三件作品提交北京奥组委执委会审议,"佩玉"、"星云"两套方案再次入围。

2006 年 6 月 30 日,经过北京奥组委执委会审议,确定中央美院提交的"佩玉"方案为北京奥运会奖牌主方案,并提出进一步的修改意见。

2006 年 10 月 31 日,北京奥组委提出关于奖牌嵌玉结构跌落安全性的技术问题。

2006 年 11 月底至 12 月底,王沂蓬副教授进行了四次奖牌跌落测试,最终解决了奖牌跌落易碎的技术难题。

2007 年 1 月 11 日,北京奥组委表决通过北京奥运会奖牌设计方案"佩玉"。

2007 年 2 月 8 日,国际奥委会执委会通过北京奥运会奖牌设计方案"佩玉"。

2007 年 3 月 27 日,北京 2008 年奥运会奖牌正式发布,媒体及公众称之为"金镶玉"奖牌。

左页图:(左起)奖牌设计团队学生成员刘宇晗、薛梅、刘洋、朱子甲、张儒赫在工作室。

"君子无故，玉不去身，君子于玉比德焉。"

——《礼记》玉藻第十三

独特的"佩玉"方案，源自于学生团队的原创概念，尝试在奥运奖牌设计中加入玉的材质，打破夏季奥运会奖牌设计只使用金银铜材质的传统，这一突破是中央美院师生集体智慧与努力的结晶。

玉与礼——北京 2008 年奥运会奖牌设计理念与提案策略

北京 2008 年奥运会奖牌设计取自中国古代龙纹玉璧造型，由象征尊贵和美德的"金"、"玉"材质组合而成。以浓郁的中国特色，体现出中华民族自古以来的以"玉"比"德"的价值观、文明观、荣誉观。

北京奥运会奖牌的正面图案，使用国际奥委会统一规定的胜利女神图案。奖牌背面镶嵌玉璧，正中镌刻着北京奥运会会徽。奖牌挂钩由中国汉代玉双龙蒲纹璜演变而成。

北京奥运会奖牌的艺术风格尊贵典雅，是中国传统文化与奥林匹克精神的完美体现。以其奖赠奥运成绩优胜者，是一种最高的荣誉和礼赞。

"佩玉"方案胜出的主要原因之一在于使用了玉这种具有中国文化特色的材料。打破了夏季奥运会奖牌设计材料只采用金、银、铜的历史传统。

中国先民制玉的历史可以上溯到新石器时代，在距今六千年的关中仰韶文化遗址中就出土了用和田玉制作的玉器。最早的玉器有工具、装饰物以及祭祀用器。早在红山文化与良渚文化时期，本地产的玉被雕琢成祭祀用器，成为与天地神灵沟通的媒介。至殷商，开始以和田玉为王室用玉；礼玉制度发轫于周代，西周开创了以玉分"六瑞"为核心的完善的礼玉制度；春秋战国以降，诸侯争霸，礼崩乐坏，各种思潮纷纷涌现，出现百家争鸣的局面，孔子作为儒家学说的创始人，强调寓德于玉、于玉比德；至汉代，随着儒家思想的深入，玉从原始宗教中"尊鬼事神"的祭器转而成为"雍容揖让"的礼乐文化的礼器，成为儒家道德观念的物质象征，至此确立了玉作为中国礼制传统载体与君子人格象征的重要地位。这一演进既体现在仪礼典章制度之中，也体现在日常生活礼俗之中：

"古之君子必佩玉，右徵角，左宫羽，趋以采齐，行以肆夏，周还中规，折还中矩，进则揖之，退则扬之，然后玉锵鸣也。故君子在车，则闻鸾和之声，行则鸣佩玉，是以非辟之心，无自入也。君在不佩玉，左佩结，右设佩，居则设佩，朝则结佩，齐则綪结佩而爵韠。凡带必有佩玉，唯丧否。佩玉有冲牙，君子无故，玉不去身，君子于玉比德焉。天子佩白玉而玄组绶，公侯佩山玄玉而朱组绶，大夫佩水苍玉而纯组绶，世子佩瑜玉而綦组绶，士佩瓀玟而缊组绶，孔子佩象环五寸，而綦组授。"（《礼记》玉藻第十三）

"生有轩冕服位贵禄田宅之分，死有棺椁绞衾圹袭之度。"（西汉董仲舒《春秋繁露》卷七）根据汉代"事死如事生，事亡如事存"的习俗，在殡葬制度中也出现了极为完备的葬玉制度。如郭宝均所言："抽绎玉之属性，赋以哲学思想而道德化；排列玉之形制，赋以阴阳思想而宗教化；比较玉之尺度，赋以爵位等级而政治化。"这就是礼玉制度的汉代流变。

另一方面，汉代学者对上古祭祀用玉形制、方式的辑录多以儒学思想加以附会、发微，我们今天已很难依靠文献准确知晓以玉制为主体的原始祭祀的真实面目。但无论如何，"苍璧礼天"，"黄琮礼地"的祭祀传统以及"君子于玉比德"人格理想的追求，使得玉这种美丽温润的天然材料深深烙上中国传统礼与德的印记。

玉与礼的深度关联与比附，使得北京奥运会奖牌用玉的概念升华成中国传统礼乐观念与奥林匹克精神的完满统一。在一个以传统"和谐"观为治国方略的年代，将玉这样一种最具中国礼俗传统内涵的材料运用于体现奥林匹克精神最高象征的奥运奖牌上，这一突破性的尝试得到几乎所有人的肯定与赞许。

由于夏季奥运会奖牌设计从未使用过除金、银、铜以外的其他材质，所以几乎所有承办夏季奥运会的国家都延续这一惯例，我们也知道这一惯例，但独特性的冲动让我们试图以具

"玉，石之美者。有五德，润泽以温，仁之方也；䚡理自外可以知中，义之方也；其声舒扬，専以远闻，智之方也；不桡而折，勇之方也；锐廉而不技，洁之方也。"

——汉·许慎《说文解字·释玉》

有中国文化内涵的材料——玉一搏脱颖而出的可能。在后续的修改与审核中早期方案中的玉心改进为玉璧,以求得更为得体的形式比例与更深厚的文化寓意;最终突破夏季奥运会奖牌设计材质惯例的"金镶玉"奖牌成为最终的赢家。值得一提的,清华美院同样以"玉璧"为主题的竞标方案在奖牌首轮评审中曾位列第一。但之后方案始终停留在金属材料上,未作材质突破。

但独特并不会成为成功的全部理由,北京奥组委不会仅仅因为作品惊世骇俗而倾心,作品背后的寓意是否符合政策目标才是成功的关键,在独特性、寓意与视觉质量等多重层面都必须做到最好,并且要完美统一。于是作品的独特性、寓意与设计质量成为作品存活的三个重要指标,听上去怎样与看上去怎样同等重要,设计阐释成为作品存活的关键因素之一,特别是在高级别的评审阶段。

传统器物、图像与其原有的象征意义如何能在经历过漫长的时间流逝与语境变迁之后,仍然能保持生命力并演绎、生发出合乎当下需要的新的意义,取决于设计团队的知识储备,更取决于眼界与智慧。这个层次上的设计阐释已不是简单的创意的独特或设计的现代性的专业或技术讲解,而在于是否能够演绎、生发出符合"新北京、新奥运"、"同一个世界,同一个梦想"主题下的与奥林匹克精神相关联的中国意象、中国精神,这个风格与涵义全新的意象与精神既需要与传统中的积极因素相联系,又要与政府试图传达给国际社会的信息相一致,而在基本理念上又能符合当代国际政治中的普世价值观念。在这个层面上,方案的胜出不仅取决于设计者或设计团队对资料的占有、分析与具体的设计质量,传统图像所具有的多义性引发的多重解读能否被准确、积极地定义,能否被提升为一个历史悠久的文明大国的当代形象阐释,成为决定方案前行或终止的关键因素。对方案阐释的重要性被空前提升。

如上所述,玉的材料创新只是引发关注的因素之一,最终让北京奥组委选定"金镶玉"的原因在于玉这种材料的文化寓意及其与当下的关联性:玉本有的与中国古代祭祀仪礼相关联的材料属性,让玉这种特别的材料成为中国礼的传统的最典型的物质载体;玉有五德、七德、十一德的象征,"比德于玉"对君子人格的全面追求则与《奥林匹克宪章》中对个体人格的尊重、对人类平衡发展的追求具有同一性;而玉与儒家文化的紧密关联,又使得玉的象征与当下以儒学思想为主导的和谐社会的政治语境相契合。象征与象征之间的彼此通融与再现,让玉的古老寓意最终生发出合乎政策目标与大众期望的当代意义,成为北京 2008 年奥运会中国国家形象视觉表达的理想要素之一。

中国文化讲究师出有名,传统意象的恰如其分的阐释与发微是一切北京奥运形象设计项目的开始,也是最终的目标。

上图:清华美院"玉璧"奖牌设计方案。

第一章 北京 2008 年奥运会奖牌设计初评阶段

2006年1月11日，北京2008年奥运会奖牌设计方案征集新闻发布会在北京奥运新闻中心召开，北京奥组委向全球发出公开征集奖牌设计方案的邀请，同时邀请中央美术学院、清华大学美术学院、中国印钞造币总公司等11家专业机构为北京奥运奖牌定向设计单位。

北京 2008 年奥运会奖牌设计方案征集活动邀请函（原文）

北京 2008 年奥运会奖牌设计理念和要求

必须体现奥林匹克的核心价值和北京 2008 年奥运会的举办理念。

必须具有中国文化特色，体现中国风格、人文风采、时代风貌，并与已完成的北京 2008 年奥运会基础形象元素相协调。

设计方案的艺术表现形式应推陈出新，令人耳目一新，应有别于以往历届奥运会、重要的国际体育比赛及国内大型体育赛事和活动的奖牌设计。

必须严格遵守国际奥委会有关奖牌的规定，即：奖牌的直径应不小于 60mm，厚度不小于 3mm；冠军和亚军的奖牌必须是银质的，纯度等级至少在 925～1000 之间；冠军的奖牌还必须镀有总重量不小于 6g 的纯金；第三名获得铜质奖牌。

奖牌正面使用国际奥委会统一规定图案（该图案为插上翅膀站立的胜利女神形象和希腊潘纳辛纳科竞技场全景形象。参照 2004 年雅典奥运会奖牌正面，奖牌正面文字为：XXIX OLYMPIAD BEIJING 2008）；奖牌背面图案设计应理念独特、造型生动，很好地展现奥运会特点和中国特色，并要与奖牌正面图案协调，符合金属工艺制作要求。

证书图案要很好地展现奥运会特点和中国特色，证书中要有中、英文两种文字。

挂带、包装盒设计应材料得当、结构新颖、工艺简洁；便于奖牌携带、保存和展示；图案设计和材料运用既要体现美感，又要突出中国特色，并与北京 2008 年奥运会形象系统协调一致。辅助设计（挂带、包装盒、证书）的制作成本应不高于 1000 元人民币。

上图：北京 2008 年奥运会奖牌设计方案征集活动邀请函。

中央美术学院奥运奖牌设计团队

团队的组建

2006年1月,中央美院设计学院院长王敏任奖牌设计项目总监,安排杭海、王沂蓬和肖勇三位副教授带领十几位本科生和研究生,组建中央美院奥运奖牌设计团队,其中薛梅、刘洋来自产品设计专业;朱子甲、刘宇晗、张儒赫、李政、姜音、王璐、包世洪、吴迪来自平面设计专业。

根据国际奥委会的规定,奖牌正面沿用国际奥委会统一规定图案:站立的胜利女神形象和希腊潘纳辛纳科竞技场全景图案。奖牌背面和相关辅助产品则由奥运主办城市重新设计。

接到任务后,设计团队广泛展开调研工作,搜集、整理中国传统图像资料及相关历史文献,从中寻找奥林匹克精神与中国传统文化之间的契合点,把"什么最能代表中国精神,什么最能体现中国荣誉与礼仪"作为主要搜寻方向,对具有典型中国意象的象征物以及与北京2008年奥运会相关的视觉符号进行了初步的罗列与分析,如鸟巢、水立方、祥云、长城、故宫、天坛、如意、太极、瓦当、铜镜、玉璧、丝绸、彩陶、书法、篆刻……同学们在每一个可能的方向上进行各种视觉与工艺的分析与尝试,兼顾奖牌的外部造型与表面图案的设计。

造型方面,考虑到中国人对圆形的喜爱及其祥瑞的象征意义,圆形奖牌成为首选,汉代玉璧与唐代铜镜的造型被重点考虑。

材料方面,在沿用金银铜三种材料的同时,也尝试金属与其他材质结合的可能。

图案方面,从一开始的广泛搜寻逐渐集中到奥运"祥云"核心图形、主体育场鸟巢、长城、京剧脸谱等体现北京奥运及举办城市文化历史特征的图案上,设计团队不断筛选和提炼创意元素,力求以中国传统艺术精神与思维来尝试奖牌设计的各种可能,将奥林匹克精神的象征性与中国式的价值观、荣誉观有机结合在一起,浓缩在一枚小小的奖牌上。

在前期设计工作中,肖勇老师组织学生汇聚了大量设计方案,团队师生夜以继日、不辞辛苦地积极工作,谭平教授、许平教授及王子源等老师多次看稿,之后与团队研讨具体设计与核心概念,给予各种建设性意见。

2006年3月26日,经过审慎筛选,团队按照规定向北京奥组委提报了四套设计方案——"佩玉"、"星云"、"光彩"、"丝舞"。

学院的方式

中央美院作为国内一流美术院校,积聚了全国优秀的创意人才,拥有深厚的文化艺术底蕴。更为重要的是,中央美院具有参与新中国历次重大题材创作的历史传统与经验。院校的体制使其能在较短时间内调动所有资源,组织起强大的创作团队进入工作状态,准确领会政策目标并以高超的艺术形式予以创造性体现。而以教学科研为主旨的高等院校的事业单位性质则有效规避了潜在的与商业利益相关的操作风险。事实上每一家参与北京2008年奥运会设计的高等院校都是以院党委牵头,积聚全院力量,全力以赴投入奥运项目,而没有商业公司的成本概念。

参与奥运设计的美术院校基本采取跨学科、跨年级的课题教学与创作方式,以应对史无前例的国家形象设计任务。由于每学年各年级都有既定的课程安排,而奥运设计安排往往是突发性的,在不同阶段又有严格的时间要求,一旦调动学生参与设计,势必会影响既定课程

左页图:杭海副教授、王沂蓬副教授、肖勇副教授、许平教授在工作室指导奖牌设计。

今日奖牌方案必须完成
不完成任何人不得回家！
3月22日

今日奖牌方案必须完成
不完成任何人不得回家！
3月22日

Final Fighting
22号
奖牌色泽暴后修定完成
23号
奖牌效果制做
包装.证书制做
24号
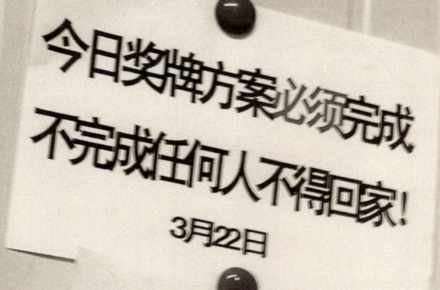
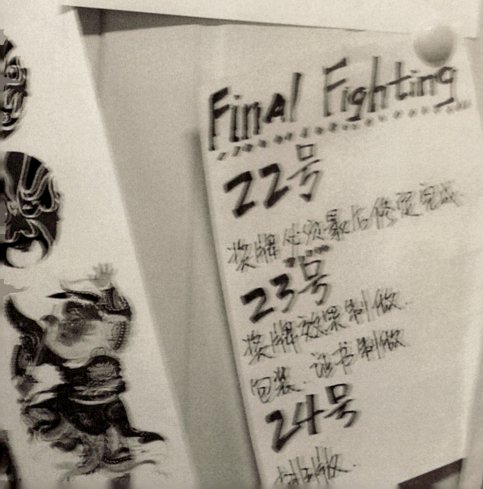

的正常教学。为了解决这个冲突，往往会采取临时的课题教学的方式，将教学与创作结合起来。为了在最短的时间里，最大限度地利用资源，教与学的人员构成也随之调整。中央美院采取书记、院长牵头，教授负责，配以青年骨干教师组成教学创作团队，而学生方面则前期以本科生为主，配以硕士、博士组成学生创作团队，到后期执行阶段则以研究生、毕业生及少量专职设计师组成执行团队。

教授负责制，使得四五十岁、最富实践经验的学术权威成为奥运设计的指导核心。这一梯队的人员多生于20世纪50~60年代，具有这一代人所特有的理想主义情操与使命感，有过计划体制下的重大题材集体创作的经历或经验，这种经历与经验使得他们在正确并准确理解工作目标时具有足够的政策敏感度；既往重大题材创作经历让他们在错综复杂、百转千回的审批过程中具有超人的忍耐力，并在时刻变化的方案进退过程中保持足够的变通能力；早年在传统艺术方面积累的人文素养以及长期的当代设计研究与实践经验，使他们能够在符合政策要求的前提下，确保北京奥运设计质量最终能够保持在一个相对高的水准之上。从人脉关系的角度讲，这一梯队的人员与国内外其他院校及学术机构具有广泛的联系或协作关系，与学院内外的离退休教授保持密切联系，有的彼此原来就是师生关系，使得他们在一些奥运设计的关键节点上，能够调动身边各种资源，并从老一辈艺术家那里获得及时的建议与学术支持。

学生方面，中央美院可以说集中了全国最富想象力与艺术感受力的青年学子，这是院校的主要优势之一。就奥运形象这样的重大设计而言，需要在短时间检索梳理浩如烟海的传统文化艺术文献，从中找到最能符合北京奥运目标的视觉元素，院校的优势这时就充分体现出来：在教授的指引下，依靠本科生的人海战术，在各种可能的方向上找寻、尝试各种方案，为团队提供尽可能多的奇思妙想，以供教授们进行策略判断，集中资源，优中选优，制定最有效率的设计方向。青年教师骨干、研究生则具有理解能力强、实践经验多的优势，他们的经验与专业性使之成为深化方案的创作主力。进入后期的执行阶段，则主要依靠研究生与毕业生以及少量职业设计师，以稳定的专业创作队伍应对繁复而漫长的设计执行工作。

这样由书记、院长为奥运设计组织提供人财物的全面支持；教授指引方向，制定策略，解决各种通路问题；人数众多的本科生组成发散性创作小组，提供尽可能多的设计线索与方案；青年教师与研究生、毕业生深化具体方案，并持续跟进项目进程；而院校中丰富的文献资料与获得相关资源的各种途径，则成为奥运设计的丰厚的灵感土壤。这就是中央美院参与北京奥运形象设计的组织形式与优势所在。

就院校而言，在光荣的付出之后，最终的成果也为学院赢得社会乃至全球声望。更为重要的是在这一过程中创造性地开辟了产学研的全新模式，为将来学院更多地参与现实社会的设计实践，特别是参与与国计民生相关的重大设计项目积累了宝贵的经验；而北京奥运形象对传统文化的需求与定位，使得我们能够有机会在一个当代设计的广阔平台上，积聚众人之力，对中国传统艺术与设计进行有针对性的梳理，对于传统艺术的当代设计实践更是进行了难能可贵的实验与实践，部分项目如奖牌及体育图标的设计水准更获得全球认可与赞誉。这一切为在将来，在中国当代设计语境中学习与利用传统文化艺术，寻找有中国特色的现代设计语汇探索了路径，建立了信心。在这一过程中许多老师与学生有幸参与了这一全球最重大的形象设计工程，获得了难得的经历与经验，丰富了个人成长所需的重要专业资历。

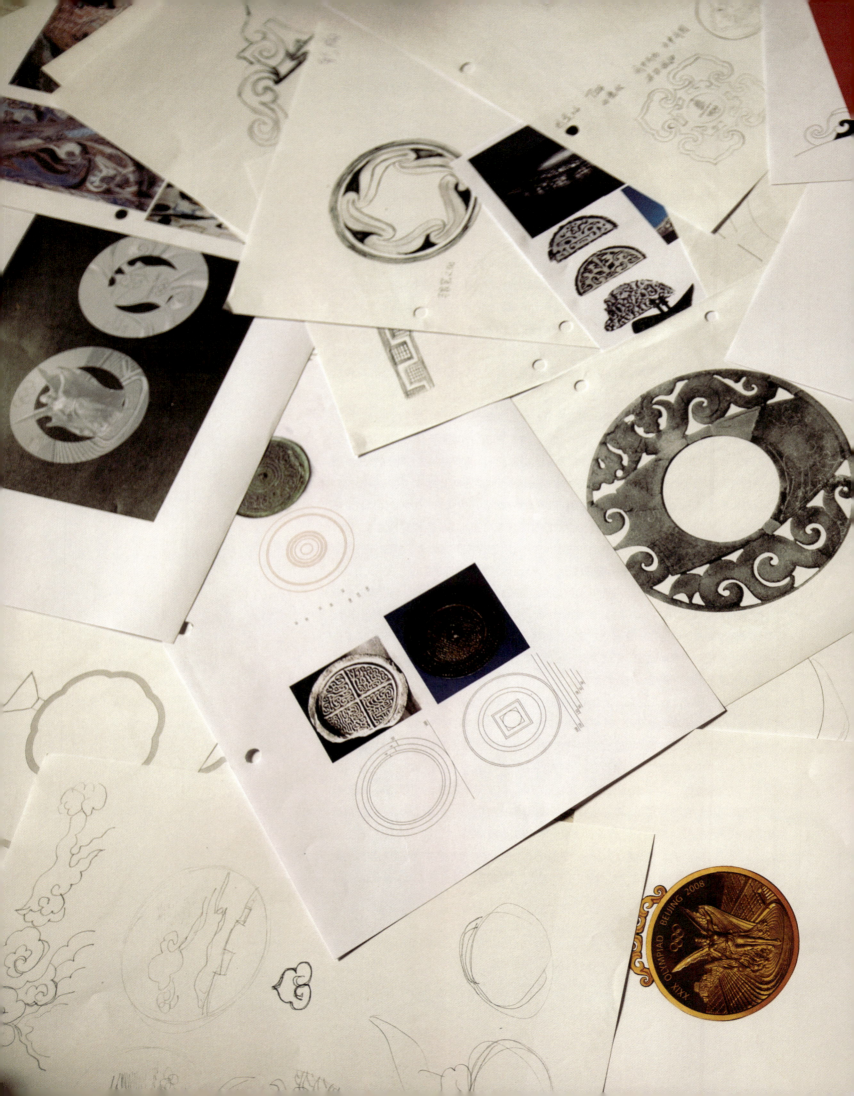

方案一:"佩玉"

视觉来源

在中国古代,"玉佩"为君子所佩之雅物。
以玉石制成的符信是幸运、诚信与和平的象征,佩玉意味着祝福与奖赏。
中华民族自古以来以玉比德,玉是人文品德的最高象征。

基本理念

本方案由"金"、"玉"结合,呈现具有中国内涵的崇高观与荣誉观。以"玉"作为运动成绩的奖赏,既有激励、促进之意,又有含蓄、优雅之风,"于玉比德"的东方古训中,还暗含着永不自满的精神,与奥运"更高、更快、更强"的宗旨相符合。

本方案由学生团队原创,事后问及谁是这一方案的具体设计者时,同学回答由于是集体合作,已分不清是谁的想法,只能是大家的智慧,无人居功、无人争吵,这就是这一拨学生的人格精神,正是这种团队意识与奉献精神让中央美院奥运设计团队赢得了最后的胜利。

由于往届夏季奥运会中,从未有主办城市尝试采用金属以外的其他材质来设计奖牌,所以直接运用玉石材质,是一种冒险的尝试。首次提报奖牌方案时,北京奥组委规定每家设计单位只能提交四个方案,在既要保证所报方案尽可能涵盖不同方向,以增加被选中的可能,又要尝试材质突破可能带来的关注效应,出于策略考虑,杭海副教授提议在"佩玉"主方案使用金属材质(方案 A)的同时,增加一个镶嵌玉心的附属方案(方案 B),算是一个方案两种材质,试探北京奥组委对奖牌设计中使用其他材质的反应。

结果令人欣喜,经过第一轮专家评审,镶嵌玉心的"佩玉"方案 B 进入前十名。

在评审会上,专家们从各自专业出发,给出一些意见与建议,来自上海造币厂的工艺美术师罗永辉提出,"在金属上贴玉可以实现,但是在玉上雕刻出花纹来就很难实现了。"这是因为按照惯例奖牌的制造要采用造币工艺,在玉上雕刻花纹则不是造币的工艺范围。

北京奥运奖牌赞助商澳大利亚必和必拓公司中国区总裁戴坚定认为:"用金属来表现玉的概念,外国人未必能理解,但是镶嵌一块玉,那外国人马上就可以理解。"戴坚定先生的表态说明玉的运用具有对中国概念理解的普适性。

专家评审、中央美院曹春生教授认为:"在 179 件作品中,178 件都采用了传统的金属材质,只有这一件采用了中国传统玉石与现代造币技术相结合的独特思路,但是对于整个造型的视觉美感上,还是需要修改,要尽量避免给人一种铜锣的感觉。"曹春生教授这番表述说明佩玉的思路是独特的,但在造型及美学质量上还要做进一步的改进与调整,这其中,奖牌的整体造型、玉与金属的关系是重点。

(引自 CCTV5《奥运传奇》)

方案 A

方案 B

左页图:东汉,玉二龙衔环饰穀纹璧。
◎高 30.5cm,直径 24.4cm,厚 1.1cm。河北省定县北陵头村中山穆王刘畅墓出土,现藏于定州博物馆。
青玉质,玉璧内外缘为素面宽带,玉面琢有等距穀纹,玉璧上部透雕双龙衔环,双侧面透雕龙纹。

右上图:初次提报的"佩玉"方案。
方案 A:以汉代龙纹玉璧为视觉来源,借用玉璧的外形并加以简化,采用金属材质表现。
方案 B:在方案 A 的基础上镶嵌玉心,玉心表面雕刻奥运主徽,主徽采用贴金工艺。

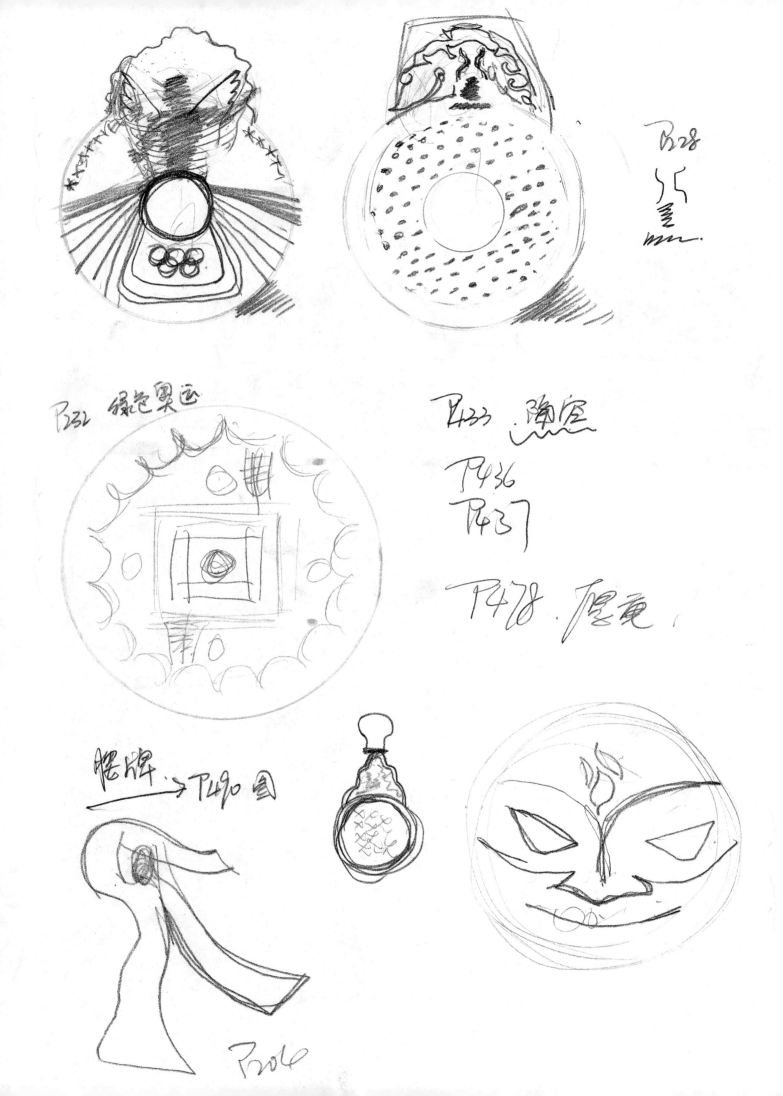

玉璧的启示

创意初期,在翻阅古玉画册过程中,设计团队的学生受汉代"玉璧"造型的启发,开始勾画草稿,从材质和颜色的搭配上进行各种尝试,主要精力花在金与玉的结合方式、对汉代玉璧造型的借鉴、简化处理上。

这一过程中,同学们进行了激烈的探讨,提出了多种设想和草案,有的方案中正面全用金属,背面用玉材;有的方案试图镂空金属牌面,与玉石进行透叠;甚至是大胆提出仿造汉代玉璧样式将奖牌中空打孔……这些围绕着玉璧造型的种种设想、开放性的讨论与设计尝试是"金镶玉"奖牌逐渐成形的最为珍贵的原创与基础。

◎这个方案是较早的玉璧方案之一,和最终的"佩玉"方案已很接近,但第一次提案时,并没有提报。主要的顾忌是夏季奥运会奖牌设计从未使用过除金银铜以外的其他材质,而本方案中玉璧面积又很大,很可能因为不合规范遭致淘汰,提案需要策略,杭海副教授决定先提报一个玉面积较小的方案试探一下专家委员会的反应。

左页图:中央美院奖牌设计团队在第一次奖牌方案提报前的手绘草图。

◎上部两幅图受汉代龙纹玉璧的造型启发,尝试在奖牌中间打孔,但在设计过程中发现这样一来,奖牌正面的站立的女神像就没有地方安置,如图所示,女神只能半个身子放在环的上部,这不符合国际奥委会的要求,只有放弃,资料显示,环形奖牌设计在都灵冬奥会出现过。

上图:借鉴"玉璧"概念而产生的各种金与玉结合的奖牌设计草案。

◎最早的想法是直接采用双龙玉璧的造型,略加简化,背面全是玉材,主徽嵌金,或者是在金属面上镶嵌玉璧,之后围绕着金属与玉材的工艺关系,进而尝试各种可能的实现手段,如镶嵌、镀金、雕刻等,这一阶段处于"头脑风暴"时期,重点在于鼓励原创、特别的想法,还没有过多考虑工艺难度、成本等问题。如下图两个方案,左图尝试将女神背后的天空部分镶嵌玉材,右图则在玉面上镂刻出主徽及橄榄枝,这种工艺难度极大,也不符合造币工艺的工业要求,但只有通过鼓励学生无所顾忌地发散思维,才能汇聚各种设想与方案,为下一步的筛选奠定基础。

方案二:"星云"

视觉来源

隋唐铜镜是中国铜镜设计与制作的鼎盛时期,铜镜的形制除了传统的方形、圆形,还出现了许多新形式,如葵花形、菱花形、委角方形等。新题材也层出不穷,典型的有四神十二生肖铜镜、瑞兽葡萄铜镜、鸾纹花草铜镜等,在制作工艺方面,嵌螺钿、金银平脱等工艺精湛绝伦、富丽奢华。"练形神冶,莹质良工。"艺术样式及工艺手法的多样化让唐代铜镜呈现出清新俊雅、富丽绚烂的盛唐气象。汉唐艺术一直是中国文化艺术的巅峰代表,也是中央美院设计团队在进行奥运设计过程中始终深入学习研究的重要资源,"星云"就是受到唐代葵花形铜镜造型的启发而发展出的设计方案,试图打破奥运奖牌常见的圆形造型,体现出汉唐艺术所特有的艺术气质。

基本理念

"星云"设计方案外形取自中国唐代葵花铜镜,为八瓣葵花形。奖牌背面图案由北京奥运会核心图形"祥云"构成,起名"星云",旨在象征奥运健儿的拼搏精神与优异成绩比星云之光华,永载史册。激励来者。

左页图:"星云"方案正、背图。
◎奖牌正面为胜利女神形象和希腊潘辛纳科竞技场,背面为奥运核心图形"祥云","祥云"图案工艺处理方案有浮雕、镂空以及线刻等方式,最后的提报方案采取模压浮雕工艺,以适应造币工艺需求。

上图:唐代双鹊衔绶云龙纹葵花铜镜。
◎直径 20.1cm,重 1160g,上海博物馆藏。半圆钮,镜背纹饰浮雕,上方为桂树玉兔月宫图,双侧祥云纹;中间为对鹊衔绶带;下部为海水腾龙纹,双侧饰有祥云纹。

上图:"星云"方案效果图。

方案三:"丝舞"

视觉来源

丝绸是中国古代物质文明的典型代表。

自汉张骞出使西域,开辟了以长安为起点,经甘肃、新疆,至中亚、西亚连接地中海各国的陆上贸易通道——"丝绸之路",在这条路线上进行的贸易中,中国输出的商品以丝绸最具代表性,"丝绸之路"成为东方文明与西方文明交流的重要通道与文化象征。

基本理念

丝绸柔软、富于表现性的亮丽质感成为找寻中西文化结合点的中央美院奖牌设计团队的灵感来源之一,古代"丝绸之路"所传递的中西经济文化交融、共促和平发展的理念正是现代奥林匹克运动推广与发展的基本目标与持续动力。

本方案以"丝舞"为主题,富于诗意,也富于现代感,"舞动的丝绸"与"舞动的北京"共同构成简洁有力的视觉主题,曼妙舞动的丝绸与庄重的胜利女神交相呼应,完美演绎了"同一个世界 同一个梦想"的北京2008年奥运会主题概念。

丝绸的概念是中央美院奖牌设计团队最重要的灵感来源之一,早在北京2008年奥运会色彩系统的设计过程中,设计团队就是受到丝绸所特有的光感的启发而生发出北京奥运多维色彩的创意理念;之后,在北京2008年奥运会核心图形的创作过程中,设计团队再次将丝绸肌理汇入"中国图"方案以及最终的和清华美院"祥云"核心图形的联合创作之中。丝绸是自然的恩赐,是最具中国特色的视觉样式之一。

左页图:"丝舞"奖牌设计方案视觉来源——中国丝绸。
◎设计初期,同学们买了很多丝绸实物,通过抚摸、抖动、拍摄,加强对丝绸所特有的视觉与触觉美感的理解,只有在尊重材料、理解材料的过程中,才能与材料达成深度的交流,最终转化为具体的设计线索与方案。

上图:"丝舞"奖牌设计方案正、背面。
◎奖牌正面为胜利女神形象和希腊潘辛纳科竞技场。出于对"舞动的北京"主题的理解,设计团队试图以动感抽象的形式来体现丝绸的印象,过程中也有意加入京剧脸谱的意象,以表达更为丰富的视觉意象。

上图:"丝舞"奖牌设计方案正、背面效果图。

方案四:"光彩"

视觉来源

"天圆地方"是中国古代哲学思想与宇宙观。明清时期在北京修建的天坛和地坛就是遵循这一观念建造而成。天坛祭天,形制为圆形,圜丘三层以合阳数;地坛祭地,形制为方形,台阶八级,以合阴数。"光彩"方案以"天圆地方"的传统哲学为出发点,以方形造型为创意突破。

挂钩设计源自传统锁具,锁在中国文化中有祈福祛灾的传统吉祥寓意,佩带长命锁是中国的传统习俗。让奥运奖牌的佩带增添中国长命锁的意象是一个饶有趣味与吉祥寓意的设想。

基本理念

中央美院设计团队在关于奖牌形制的一系列设计探讨过程中,一直试图突破圆形奖牌的常规形状与材料选择,以期出奇制胜,体现出与众不同的观念与艺术形式,在"佩玉"方案试图选择玉这种具有典型中国文化特色的材料的同时,"光彩"方案则将"方形"奖牌作为新的立意点,试图从形态上突破往届奥运奖牌圆形造型的传统思维。"光彩"方案采用方形传统锁具形态,表面饰以有肌理变化的彩条,以表达天圆地方、吉祥如意。

在首轮奥运奖牌专家评审会上,"光彩"方案得到赞许,专家们都认为方形奖牌与众不同,是一个创新,但国际奥委会方面明确表示希望奖牌的造型是圆形,于是"光彩"方案未能入围前十。

左页图(从左到右):谭平副院长、王沂蓬副教授、肖勇副教授在工作室指导学生设计。

上图:"光彩"奖牌设计方案正、背面。
◎奖牌正面为胜利女神形象和希腊潘纳辛纳科竞技场,背面饰以有肌理变化的彩条。

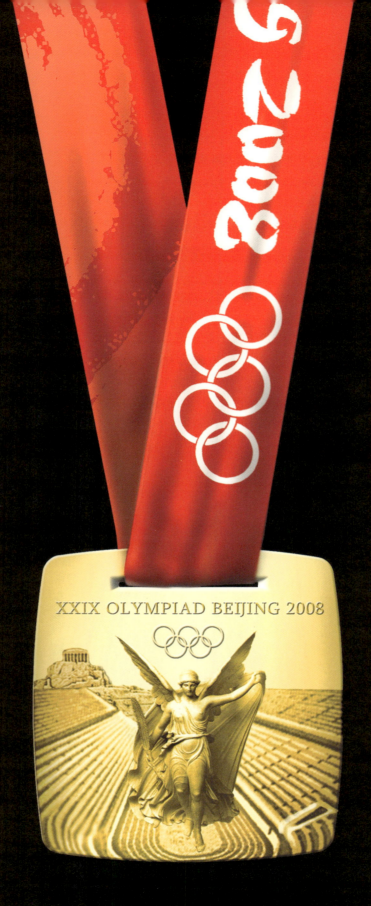

上图:"光彩"方案正、背面效果图。

"佩玉"、"星云"方案初评入围

2006年4月18日上午,北京奥组委正式通知中央美院,"佩玉"、"星云"两套方案初评入围前十,并对"佩玉"方案提出进一步修改意见:

1. 设计采用"金"、"玉"相合的理念,在奖牌中间镶嵌一块刻有北京2008年奥运会会徽的玉石,整体设计呈现出具有中国内涵的崇高观与荣誉观。
2. 奖牌中镶嵌玉石区别于历届奖牌设计,设计单纯,易于外国人识别。
3. 奖牌中间镶嵌的玉石太小,刻上的会徽不易辨认。
4. 奖牌边缘太宽,需进一步推敲修改。

左页图:杭海副教授与同学们研讨方案。　　　　上图:"佩玉"与"星云"奖牌设计方案正背面。

第二章 北京 2008 年奥运会奖牌设计复评阶段

"苍璧礼天",玉璧为礼天之器,并位列"六瑞"之中。《周礼·春官》:"周制,王执镇圭,公执桓圭,侯执信圭,伯执躬圭,子执谷璧,男执蒲璧。"玉璧作为国家礼器与尊贵身份的象征,具有不可替代的神圣性质。

北京奥运奖牌作为奥林匹克精神的最高体现,采用玉璧这一最具中国礼的精神的物质载体,体现出举办城市所具有的文化底蕴与精神境界。

"佩玉"、"星云"方案的设计调整

根据北京奥组委的修改意见,设计团队对"佩玉"、"星云"两套方案进行修改。

设计团队增大了"佩玉"奖牌的玉心的面积,但金玉比例所呈现出的视觉效果并不理想,玉石所占面积的大小及形状成为备受关注的问题,在设计研讨过程中,许平教授提出,还是玉璧的概念比玉心更能体现最高规格的奖赏意义。

玉的形制在古代中国具有与等级、功用相关的象征意义,如"苍璧礼天","黄琮礼地",璧为圆形,琮为方形,以合天圆地方的古代思想;而同为环形的璧、瑗、环,在《尔雅·释器》中就有明确的尺寸规定:"肉倍好谓之璧,好倍肉谓之瑗,肉好若一谓之环。"所谓"肉"是指玉边,"好"是指玉孔。玉边倍于玉孔的称之为璧,玉孔倍于玉边的称之为瑗,玉孔等于玉边的称之为环。虽然这一比例规定更多的只是周礼的理想,实际出土的玉器并未严格遵守。由此得到的启示是,奖牌设计中的玉的形制必须与古代玉文化传统相联系,才能在造型层面生发出中国文化的特质与内涵。

玉璧曾为礼天之器并位列"六瑞"之中。《周礼·春官》载:"周制,王执镇圭,公执桓圭,侯执信圭,伯执躬圭,子执谷璧,男执蒲璧。"玉璧作为国家礼器与尊贵身份的象征,具有不可替代的神圣性质,而北京奥运奖牌作为奥林匹克精神的最高体现,只有采用玉璧这一最具中国"礼"的精神的物质载体,才能体现出举办城市所具有的文化取向与精神境界。

基于以上思考,设计团队从以下两个方向进一步调整金属与玉石造型及其相关比例,这次修改对于奠定"金镶玉"奖牌的雏形起了至关重要的作用。

1. "佩玉"方案

调整方向 A:扩大玉心面积,浅刻奥运会徽,贴金。

调整方向 B:玉心改为玉璧,玉璧上浅刻奥运祥云纹与长城图案。

奖牌挂钩选用西汉南越王墓出土的玉双龙蒲纹璜为视觉来源,进行造型设计。

加工制作实物模型。

2. "星云"方案

调整云纹图底关系,采用最新修改的"祥云"核心图形;

加工制作实物模型。

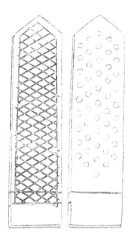

玉圭

玉璧

玉璜

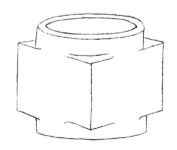

玉琮

右图:清代 吴大澂《古玉图考》。

方案 A

方案 B

左页图：方案 A 实物打样。
◎受元明传统漆器剔红工艺的启发，杭海副教授建议奖牌用玉面不要简单磨平处理，让玉环边缘以弧形坡度微微高出金属边，这样会让小而薄的玉环呈现出更强的视觉张力。

上图：方案 A 与方案 B 的再次修改。
◎方案 A 根据专家评审意见，将玉心改为玉环，玉环上浅刻云纹与长城图案；挂钩选用西汉玉双龙蒲纹璜为视觉来源，进行造型设计。

方案 B 根据专家评审意见，放大玉心面积，重新调整玉与金属的比例，但效果未尽如人意，专家评委诟病的"铜锣"的意象非但没有减弱，反而更强了。

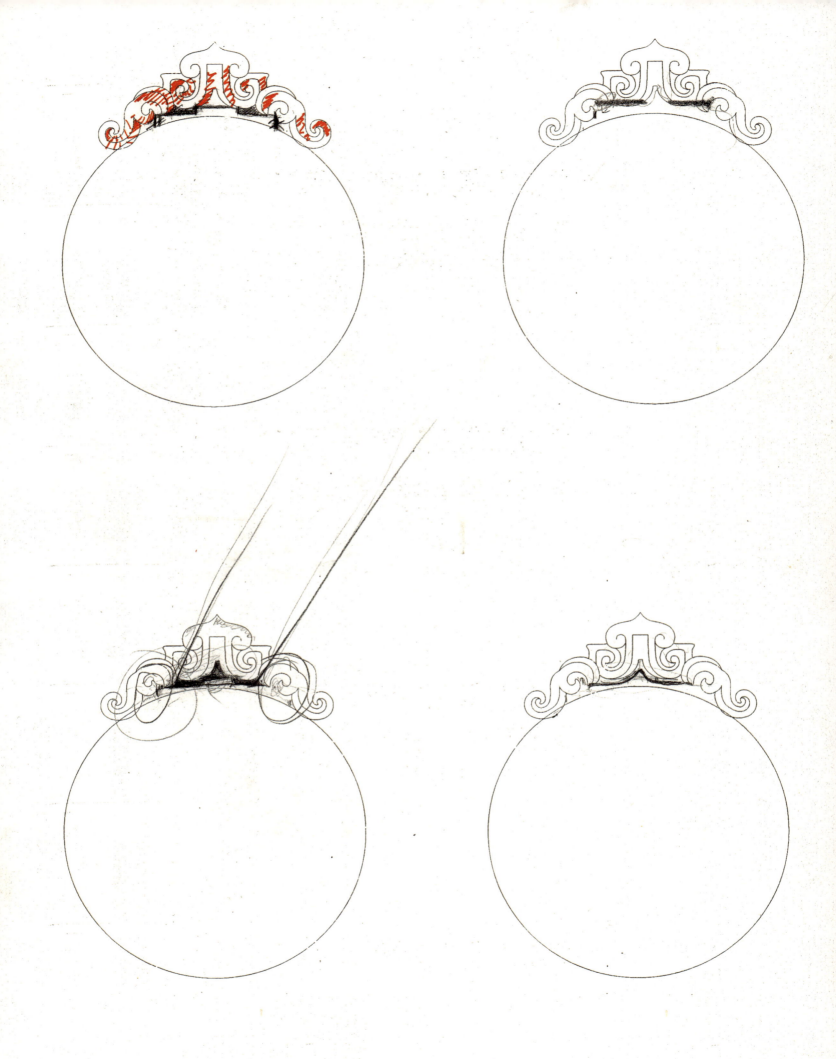

"佩玉"奖牌挂钩修改与整体造型确立

"佩玉"的视觉来源——玉二龙衔环饰榖纹璧，出自河北定县东汉中山穆王刘畅墓，体现了汉代制玉的最高水准。自第一次提案以来，设计团队同学试图将玉璧顶部的繁复龙纹简化为奖牌挂钩，但由于长期以来中国设计院校对传统设计的教学缺乏重视，年轻学生对传统图案的设计规律缺乏理解，挂钩设计始终不尽理想，这直接影响到"佩玉"奖牌的整体造型与设计质量，初评专家评委就指出造型不够美观，与其说是佩玉，不如说是更像一面锣的造型。

围绕着挂钩的处理，无论是设计团队还是专家评委也有两种截然不同的意见：

一方认为挂钩只是用于挂奖牌丝带用的，而且挂钩设计得再精美，挂上丝带后也会被遮挡，所以应该高度简化，满足基本功能的需要即可。

另一方则认为汉代玉璧卓越的造型质量取决于圆形玉璧与顶部纹饰造型的有机结合，要想再现"汉并天下"的大汉气魄，设计必须根植于汉代玉璧的基本造型，奖牌挂钩是整体造型的重要部分，不能为所谓现代设计而将"佩玉"方案简化为简单的圆形。

方案进入复评后，奖牌的整体造型急需重新调整。

杭海副教授坚持后一种意见，经过反复筛选，最终选择了广州南越王墓出土的组玉佩中的玉双龙蒲纹璜，该玉璜顶部祥云纹饰繁简得当，适合奖牌挂钩的功能需求。杭海副教授多次绘制草稿并对"佩玉"整体造型、比例关系加以调整，初步确立了"金镶玉"奖牌的整体造型。

左页图：杭海副教授绘制的奖牌挂钩修改草图。
◎奖牌挂钩在保持原造型的基础上，底端做了些许调整，将原先的弧线改为平直线，以保证挂带挂上后，不会产生翻转或是褶皱的情况。

上图：西汉，玉双龙蒲纹璜。
◎广东省广州市象岗南越王墓出土。现藏于广州南越王博物馆。玉双龙蒲纹璜为组玉佩中的一件，组玉佩由32件玉、金、煤精和琉璃等不同材质的饰件组成。

右上图："佩玉"奖牌线稿。

右下图：杭海副教授"佩玉"奖牌手稿。
◎挂钩底部最初拟采用的"凸"字形结构，最终为最大限度地保证挂带的平整度而采用"一"字形结构。

"佩玉"和"星云"两套方案复评入围前三甲

根据北京奥组委意见,中央美院设计团队在修改"佩玉"方案的同时,继续修改"星云"方案中的云纹,选用由原中央工艺美术学院院长常沙娜教授修改的北京2008年奥运会"祥云"核心图形,将饱满的云纹应用于奖牌设计。

根据北京奥组委要求,中央美院奖牌设计团队需于2006年5月22日提交"佩玉"、"星云"方案全套实物样品。从接到初评入围前十的通知,到提报实物样品,中间仅隔一个月的时间,设计团队要完成两套奖牌及配套包装盒、证书的样品制作工作。团队成员兵分几路,辗转上海、扬州、北京等地的多个厂家,在规定时间内提交了完整的全套方案实物样品。

这一阶段的奖牌成品直径定为9cm。

在北京奥运奖牌复评会议中,评委们对经过修改的"佩玉"方案赞赏有加,经过讨论环节及投票程序,最终"佩玉"以排名第一的身份,与"星云"方案成功进入前三甲。

2006年6月14日,北京奥组委正式通知中央美院奖牌设计团队"佩玉"和"星云"两套方案复评入围。

左页图:"佩玉"与"星云"奖牌石膏模型。
◎石膏模型直径28cm,制作大于奖牌实物数倍的石膏模型是造币工艺的基本要求,大的石膏模型可以雕刻出更多的细节特征,这样缩小到奖牌实际大小时才会显得更加精致、耐看。值得一提的是,奖牌正面的女神像虽然是指定图像,但国际奥委会并不提供模板,只提供照片,需要举办国的奖牌雕刻师根据照片进行雕刻,所以,虽然雅典奥运会与北京奥运会奖牌正面都是同样的站立的女神像,但不同的雕刻师对女神造型形态的理解与手法有所不同,使得最终的女神像体现出细节的微妙差别。

上图:"佩玉"奖牌实物打样。
◎"佩玉"奖牌配以红色大漆包装盒,盒盖正中雕刻北京奥运会会徽,盒体四方形,天地盖,寓意天地四方,六合美满。每一次奖牌提报均需提报含奖牌实物、挂带、包装盒、运动员获奖证书在内的所有配套设计,以供专家评委对作品进行整体评判。

2006年6月14日，经北京奥组委奖牌专家评审会审议，"佩玉"、"星云"两套方案复评入围，进入前三甲。

左页图：手持"星云"奖牌的我院学生模特。

上图："星云"方案中的云纹。

○ 选用常沙娜教授修改的"祥云"核心图形，云纹造型更加饱满，具有盛唐气魄。为强化"星云"八瓣葵花的圆形意象，奖牌包装盒采用大漆圆盒，具有饱满喜庆的中国趣味。这一时期的奖牌直径为9cm，显得比往届奖牌大很多，之后根据专家评审意见予以缩小。

第三章　北京 2008 年奥运会奖牌设计中标阶段

北京奥组委对"佩玉"方案的评价与修改意见（原文）

复评之后，北京奥组委对"佩玉"方案予以好评，同时提出具体的修改意见：

1. "佩玉"方案背面采用"金"和"玉"结合，富有中国特色。评委认为，"佩玉"方案与历届夏季奥运会奖牌相比在设计上有重大突破，作为奥运会奖牌将不同材质的"金属"和"玉"结合设计，史无前例，令人印象深刻。中华民族崇尚玉，"玉，石之美，有五德，"即仁、义、礼、智、信五德。自古以来有"黄金有价玉无价"、"君子如玉"等对玉石的称赞，玉文化是我国传统文化重要组成部分。

2. 奖牌整体造型优美，大红色的挂带设计简洁大方，有很好的佩带效果；包装盒简洁大方、方中带圆、造型讲究；证书设计运用了核心图形的局部，与北京2008年奥运会整体视觉形象统一。目前的设计方案采用纯白的和田玉，玉表面雕刻了长城纹样。评委认为，玉本身单纯、自然，具有天然的纹理和美感，建议去掉目前玉表面的长城纹样。如果要加纹样建议用传统"云"纹图案。同时，评委建议在玉的选材上选择有色彩和纹理变化的玉石料；奖牌背面金和玉的大小比例关系需要进一步推敲，玉和金属之间应增加肌理对比，金属部分可采用磨砂处理；奖牌厚度可以略微增加一些，便于玉石镶嵌在金属中；奖牌方案背面中间的奥运标识部分增加凹凸感和对比度；目前奖牌尺寸过大，评委建议缩小。此外，评委认为，奖牌和挂带的连接处（挂钩）需要做进一步细致化处理，建议挂钩内侧用直线处理，外侧有形的变化，挂钩要有"切面"的感觉，以增加立体感和精细度。

左页图：镶嵌素玉的"佩玉"奖牌设计方案。　　　　上图："佩玉"奖牌设计方案，玉璧上雕刻祥云长城图案。

方案 A

方案 B

"佩玉"方案玉璧表面图案调整

在奖牌设计复评会议上，关于玉璧表面的长城与云纹图案的调整问题，靳尚谊教授建议只保留云纹，钱绍武教授建议纹样全部去掉。中央美院设计团队据此设计了两种方案：

方案 A：将玉璧表面的长城与云纹图案去掉，改为素玉。

方案 B：将玉璧表面的长城去掉，云纹图案改为奥运"祥云"核心图形。

杭海副教授倾向于素玉的观点，在中国传统美学中，一直以顺物自然，厚质无文为最高境界，所谓"朴素而天下莫能与之争美"。在具体造物行为与生活实践中，则以"宁朴无巧"，"宁俭无俗"为尚，删繁去奢，见素抱朴，顺应自然本有的天性，显现自然本有的美感，是工匠与艺术家的共同追求。具体到玉的欣赏，则是良材不雕，简约尚古，以无文为赏玉最高境界；具体到玉的制作则是追求量质就形、义重惜物。中国古代最有名的玉故事是"和氏璧"的传说：

楚人和氏得玉璞楚山中，奉而献之厉王；厉王使玉人相之，玉人曰："石也。"王以和为诳，而刖其左足。及厉王薨，武王即位，和又奉其璞而献之武王；武王使玉人相之，又曰："石也。"王又以和为诳，而刖其右足。武王薨，文王即位，和乃抱其璞而哭於楚山之下，三日三夜，泣尽而继之以血。王闻之，使人问其故，曰："天下之刖者多矣，子奚哭之悲也？"和曰："吾非悲刖也，悲夫宝玉而题之以'石'，贞士而名之以'诳'，此吾所以悲也。"王乃使玉人理其璞而得宝焉，遂命曰："和氏之璧"。

楚人和氏献玉璞于武王、文王，均因为无人能识而招致刖足之刑。表面上这是一个"宝玉而题之以石，贞士而名之以诳"的悲惨故事，但这个故事还有另一层隐喻：真正能发现、读懂未经雕琢的玉的内在美感的人是如此稀少，且古今如一。

最后设计团队达成共识，质朴无文的素玉最能体现中国玉本有的美感，是赏玉的最高境界，最终玉璧改成素玉。

左页图：方案 A（金牌）采用素玉，方案 B（金牌）采用玉面上雕刻祥云纹的奖牌设计方案。

◎方案 A 中的银牌与铜牌效果图。在这一阶段，还未考虑奖牌用玉色彩与金银铜材质的搭配关系，所以金、银、铜三种奖牌均采用同样色泽的素玉。

右图："佩玉"奖牌方案 B 玉面祥云纹手稿。

"星云"方案云纹调整

虽然"星云"方案采用了奥运"祥云"核心图形，但"祥云"的大小及图底关系不是特别理想。自传统图案课从平面设计的课程中消失之后，学生对传统图案的构成与组织缺乏基本认识，更不用说实际的设计描绘功底，于是在整个奥运设计过程中，涉及传统艺术与设计的形式处理，最终都依靠中老年教师梯队亲自动手设计，这一现象提醒我们在中国现代设计越来越强调风格与个性，同时又越来越强调传统的因素、传统的启示的时代，必须重新反思曾经废弃掉的诸如图案课等传统设计课程在当代设计教育中的位置与价值问题，如若不然，随着老一代设计教育家的逐渐老去，许多重要的传统设计观念、经验、技术及相关教学方法存在散失的风险。在北京奥组委奖牌评审会议上，常沙娜教授指出"星云"奖牌上的云纹存在问题，并用铅笔拓印"星云"奖牌上的云纹后，亲自进行了修改，调整了祥云的造型细节以及祥云的图底关系，使得"星云"方案中的祥云造型更加适合于圆环形结构，更加饱满、富有动感与视觉张力。

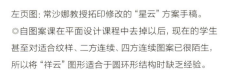

左页图：常沙娜教授拓印修改的"星云"方案手稿。

◎自图案课在平面设计课程中去掉以后，现在的学生甚至对适合纹样、二方连续、四方连续图案已很陌生，所以将"祥云"图形适合于圆环形结构时缺乏经验。

上图："星云"奖牌设计方案正、背面。

◎奖牌正面为胜利女神形象和希腊潘纳辛纳科竞技场，背面为北京奥运核心图形"祥云"。

北京 2008 年奥运会奖牌方案的过程打样。

2006年7月3日北京奥组委通知中央美院奖牌设计团队"佩玉"方案中标。

"佩玉"奖牌中标

2006年7月3日,北京奥组委通知中央美院的"佩玉"方案中标。

在北京奥组委执委会终审会议上,"佩玉"方案以全票通过,执委们就玉璧大小及奖牌工艺等问题提出进一步的修改意见。刘淇主席就玉的材质和选料问题,提议金、银、铜牌的玉材应该选用不同的材质。

国际奥委会委员何振梁先生表示:虽然在冬奥会奖牌设计上,东京使用过漆器与金属结合的方式,都灵使用过水晶和金属结合的方式,但是在夏季奥运会的历史上,没有任何一个国家使用过两种材质结合的方式,尤其是玉,更是中国独一无二的。(引自CCTV5《奥运传奇》)

北京奥组委刘淇主席给予"佩玉"方案高度评价:"第一次在奥运奖牌上将中华美玉作为它的一个组成部分,既符合国际奥组委对奥运奖牌的设计规范,同时又增加了鲜明的中华文明的特点。"(引自CCTV5《奥运传奇》)

2006年7月10日,中央美院设计团队向国际奥组委提交"佩玉"方案(Jade Pendant)说明手册。根据执委们的意见进行进一步修改并开始制作奖牌及相关配套产品的实物样品。

上图:"佩玉"奖牌方案实物打样正、背面。
◎奖牌正面为胜利女神形象和希腊潘纳辛纳科竞技场,背面镶嵌素玉璧,奖牌中央为北京奥运会会徽。

第四章　北京 2008 年奥运会奖牌设计修改完善阶段

北京2008年奥运会奖牌设计修改团队成立

2006年7月，为保证奖牌的设计和工艺能够完美结合，北京奥组委成立北京奥运奖牌设计修改团队，奖牌设计方案由中央美院设计团队进一步细化完善，工艺技术方面由中国印钞造币总公司予以配合。

奖牌设计修改团队在等待国际奥委会对"佩玉"奖牌设计方案意见反馈的同时，开始进行奖牌及配套产品的实物打样工作，主要内容包括：奖牌实物打样、奖牌包装盒制作、奖牌挂带织造以及获奖运动员证书印刷打样等。

2006年8月至9月，团队成员分别前往扬州、南京、上海以及北京的相关厂家，沟通设计方案、制作各类样品。出于保密要求，奖牌设计修改团队和相关厂家都与北京奥组委签署了保密协议。

2.5mm 边宽　　　　　　　　　　　　3.5mm 边宽

上图：直径为2.5cm、3.5cm的"佩玉"奖牌设计方案。
◎奖牌设计修改团队在直径为70mm的金属牌面内，将边宽定为2.5mm。之后根据北京奥组委的意见，修改团队将边宽增加为3.5mm，使奖牌造型更加饱满有力。

2006年9月，中央美院奖牌设计团队去上海造币厂进行"佩玉"奖牌实物打样。

"佩玉"奖牌用玉策略与选玉标准

2006年9月28日,第一批制作好的奖牌金属牌面样品由上海送到北京,北京奥组委文化活动部姚均飞先生、奖牌修改设计团队代表薛梅同学以及奖牌专家评委罗永辉先生,一同来到北京工美玉器加工基地进行奖牌金属牌面与玉石的色彩搭配试验,并就金属与玉石之间加工尺寸的匹配性等问题进行了协商。玉石专家王建女士和工艺美术大师张铁成先生推荐了五种玉石品种,青海白玉、新疆青白玉、新疆青玉和两种岫岩玉。

根据现场对玉石与金、银、铜牌面试配的结果,奖牌修改设计团队决定金牌选用白玉、银牌选用青白玉、铜牌选用青玉。之后北京奥组委确认了"佩玉"奖牌的玉石品种。

2006年10月8日,奖牌设计修改团队向北京奥组委提交奖牌全套实物样品。

在奖牌用玉问题上,国际奥委会曾提出可否用合成材料替代天然玉料?一方面是出于对玉石易碎的担忧,另一方面则是因为天然玉料难以做到色泽纹理高度一致,势必造成每块奖牌所嵌玉环有色调及肌理差异的问题。在西式的思维中,每块奖牌应该是由同样的材料、同样的分量与品质构成才能体现出对每个获奖运动员的平等与公正。

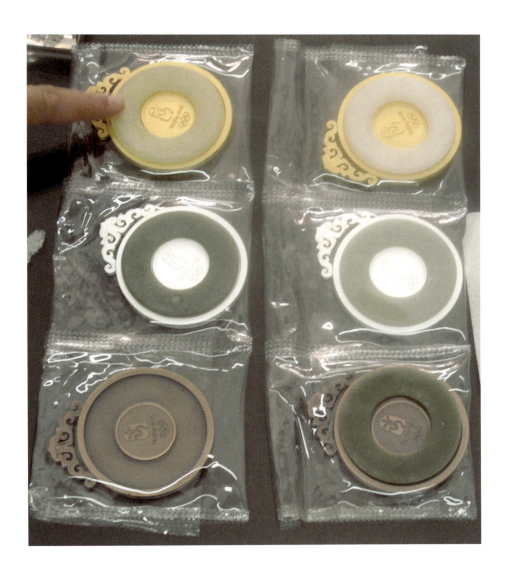

左页图:仓库中的青海玉料。　　　　　上图:奥运金牌选用白玉、银牌选用青白玉、铜牌选用青玉。

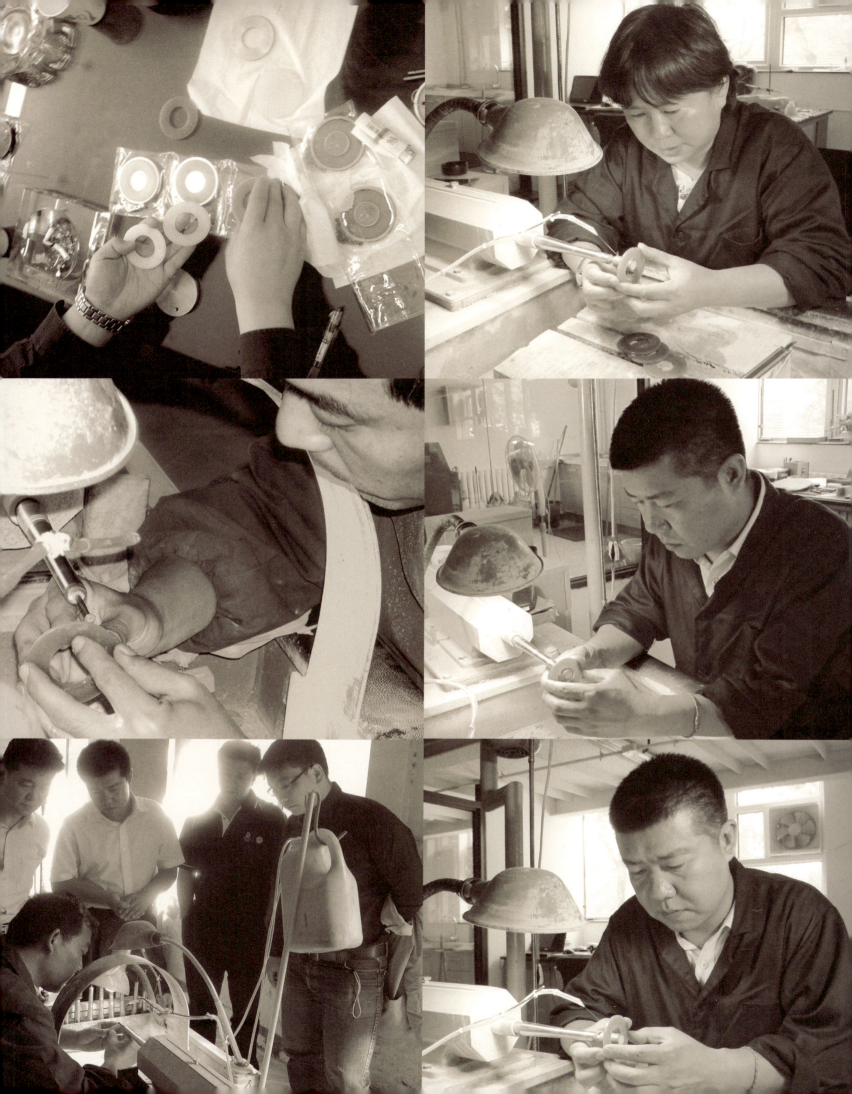

但中央美院设计团队坚持"佩玉"奖牌要使用天然玉料，理由是：

天然材料区别于人工合成材料的重要特征之一就是差异性，哪怕是同一块玉料上切割下来的玉环也会存有色泽与纹理的差别，而正是这种差异性让每一块"佩玉"奖牌都各不相同、独一无二，它象征着每个获奖运动员都是特别的，独一无二的；另一方面，获奖运动员只有触摸到真正的中国玉石，才能真切感受到玉的材质美感与人文内涵。北京奥运奖牌既用天然玉料，就应该一反奥运奖牌制作常见的千人一面的工业化标准，而要将玉与玉之间存有的天然材料所特有的色差与纹理变化毫不掩饰地显现出来，这无疑体现出一种更高的美学境界与更高的精神内涵。

中央美院设计团队的主张最终获得国际奥委会的理解与认可。

在中国传统美学中，一直以顺物自然，厚质无文为最高境界，所谓"朴素而天下莫能与之争美"，在具体造物行为与生活实践中，则以"宁朴无巧"、"宁俭无俗"为尚，删繁去奢，见素抱朴，顺应自然本有的天性，显现自然本有的美感，是工匠与艺术家的共同追求。具体到玉的欣赏，则是良材不雕，简约尚古，以无文为赏玉的最高境界；具体到玉的制作则是追求量质就形、义重惜物。中国古代制玉的原则一直讲求相物赋形，因材施技，在尊重材料与材料的平等对话过程中获得启示，根据玉料、材性制作特定的玉件，让玉材最大限度地物尽其用、妙法自然。可以说珍惜资源、善待材料的原则一直贯穿于几千年的中国工艺历史，最终上升为慎术与节用的造物观与道德观。

是要求所有玉环白度质地均匀一致，几无瑕疵，如同人造物一般整齐划一，还是顺应玉料特性，让每一枚玉环保持各自的色彩及纹理特点？在一切要求最好、最高的奥运设计实施标准的惯性下，玉质的美学问题最终转化为设计制作的标准问题。

由北京奥组委代表、玉石专家、设计团队代表等组成的北京奥运奖牌用玉制作审核小组，对奖牌用玉，特别是金牌所用白玉的白度、纹理、瑕疵等制定了严格的标准，规定要求所有金牌白玉的等级要一样，白度均匀一致，不能偏黄偏灰；质地要细腻，肉眼见不到颗粒；没有裂隙、蚀斑、白斑、石线、石纹、水线纹等。只有优中选优，精中选精才能合乎标准。北京奥运会及残奥会奖牌用玉环共计六千多枚，其中两千多枚为金牌用白玉，白度均一，质地细润，放眼望去几无差异，这是一种前所未有的制作规模与视觉震撼，足以写进长达几千年之久的中国制玉历史，北京奥运奖牌也成为奥运史上造价最昂贵的奖牌。世人为之惊叹，媒体津津乐道。

也许在奖牌用玉的问题上，体现玉的珍贵与最高品质，并不在于最白、润、最均一等高规格的理化指标或特征，以及随之而来的令人炫目的与昂贵、稀缺相关的世俗视觉体验与心理满足，而在于一块玉所映射出的自然与一个独立人格相统一的独特品质与内在体验。孔子早在两千五百多年前与子贡的一次对话中，就曾清晰地阐释过这个观念：

子贡问于孔子曰："敢问君子贵玉而贱珉者，何也？为玉之寡而珉之多与？"孔子曰："非为珉之多，故贱之也，玉之寡，故贵之也。夫昔者君子比德于玉焉，温润而泽，仁也；缜密以栗，知也；廉而不刿，义也；垂之如队，礼也；叩之其声清越以长，其终诎然，乐也；瑕不掩瑜、瑜不掩瑕，忠也；孚尹旁达，信也；气如白虹，天也；精神见于山川，地也；圭璋特达，德也；天下莫不贵者，道也。《诗》云：'言念君子，温其如玉。故君子贵之也。'"（《礼记》聘义第四十八）

左页图：工艺美术大师王建女士（右上）、工艺美术大师张铁成先生（右中、下）在北京工美玉器加工基地制作"佩玉"奖牌玉环。

◎在"佩玉"奖牌制作打样过程中，工艺美术大师张铁成先生与王建女士，不惜工本、不计名利、不厌其烦，给予中央美院设计团队以全力支持，试制了最早的奖牌用玉环，为之后的奖牌用玉制作提供了宝贵的经验与制作标准。

上图：在上海造币厂制作、组装完成的北京奥运奖牌。

左页图：（左上）玉石检测专家董振信教授与奖牌专家评委罗永辉在一起检测奥运奖牌所用玉环。

◎ 对奖牌玉环样品的综合性检测，除一般常规的测定方法外，还运用了偏光显微镜法、电子探针矿物成分分析法及红外光谱分析法等特殊的测定方法，对玉石中的矿物成分进行了精确测定和计算，对所加工的玉环分批、逐件进行检测验收。

（左中）王沂蓬副教授、董振信教授与工艺美术大师张铁成先生在一起研究奖牌用玉环。

（左下）工艺美术大师张铁成先生对玉环精雕细琢。

（右侧）玉环在北京工美玉器基地检测、筛选并制作完成。

2006年10月底,北京奥组委将"佩玉"奖牌方案上报国际奥委会,国际奥委会在肯定方案设计的同时,表示对"佩玉"方案奖牌易碎的担忧,北京奥组委要求设计团队对此问题予以解决。

对"佩玉"奖牌用玉易碎的担忧

2006年10月25日,国际奥委会第7次协调委员会期间,北京奥组委在五洲皇冠假日酒店向国际奥委会汇报"佩玉"奖牌方案。王敏教授向国际奥委会北京协调委员会主席赫因·维尔布鲁根(Hain Verbruggen)、国际奥委会奥运会执行主任吉尔伯特·费利(Gilbert Felli)、礼宾负责人保罗·福斯特(Paul Foster)以及市场开发部形象与宣传经理凯伦·韦伯(Karen Webb)汇报了北京2008年奥运会奖牌设计方案"佩玉"和奖牌挂带、包装盒、证书等相关辅助设计。国际奥委会充分肯定了上述设计方案,称赞方案具有中国特点,富有创新,彰显了中国的文化特色。并指出夏季奥运会奖牌的材质除金、银、铜外,一般不作材质上的突破,但"佩玉"方案非常富有中国特色。为确保北京2008年奥运会奖牌方案"佩玉"可顺利通过国际奥委会执委会的审批,费利先生建议缩小玉的尺寸,进一步突出奖牌金、银、铜的材质,同时,国际奥委会人员对玉的易碎性提出担忧。

2006年10月27日上午,北京奥组委召见奖牌设计修改团队,要求测试奖牌的抗振性能,保证玉石不易破碎,并限期提出解决方案。理由是根据国际奥委会的经验,运动员在获奖后(尤其团体项目)有时会相互抛扔奖牌,分享并传递胜利喜悦。奥运奖牌设计除了要考虑理念、审美、工艺等因素外,更重要的是"以运动员为本",他们的行为与状态是所有奥运设计关注与体现的核心。

2006年10月31日,奖牌设计修改团队在北京奥组委开会,讨论关于奖牌嵌玉结构安全性的技术问题,安全性的思考基于两方面的需求:
1. 要保证奖牌跌落时玉石不易破碎。
2. 要保证奖牌嵌玉结构及相关材料经得起时间、气候、地理等因素的考验。
王沂蓬副教授负责"佩玉"奖牌的跌落试验,这时候留给团队的时间一共只有两个月,跌落试验的难度在于,奖牌的金属厚度是6mm,石头高于奖牌1mm,玉石的厚度是3mm,后边是奖牌正面金属浮雕女神像,留给的空间最大只能2mm,再大就会穿透金属面,缓冲材料及结构必须在这2mm之内安置。半个月之后,第一次跌落实验失败,根据北京奥组委建议,王沂蓬副教授开始找相关专家进行论证,但结论是不可能做到奖牌跌落玉不碎。在剩下的一个月之内,王沂蓬副教授顶住巨大压力带领薛梅同学做了18个设计方案,又进行了三次跌落试验,最终创造性地解决了这个问题。

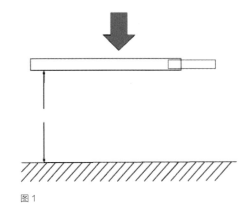

图 1

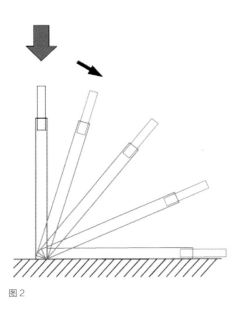

图 2

一、可能存在的破碎问题

1. 奖牌落地造成的撞击：

a. 硬性接触面，例：水泥地面、桌椅、金属器械等。

b. 软性接触面，例：地毯等。

不同高度、不同角度与不同属性的接触面之间发生碰撞的可能性：

（挂带 55cm+ 奖牌 7cm，整体实物约长 62cm）

测试：当坠落发生在实物整长范围内时（小于 62cm），奖牌牌面直接发生撞击的可能性与实际奖牌正反面的配重及挂钩连接处的形状对坠落角度之间的影响（图 1）。

当坠落发生在挂带起效的高度时（大于 62cm），奖牌有角度地触地——垂直或有角度倾斜，动作如下——奖牌侧边先落地（此时嵌玉的硅胶圈起效达到缓冲作用），然后牌面倒下（此时预想增加的硅胶膜和高出的金属边起效，达到减振功能）（图 2）。

当奖牌在空中旋转被甩出时可能遇到的情况：

坠落或撞击到什么物体上，以什么速度、遇到什么形状、什么材质的物体，是一次撞击，还是多次组合振荡？

当遇到凹凸不平的接触面时——当金属边不能保护玉石时，要看坠落的强度及接触面的硬度与玉石的承受力之间的比例。

2. 奖牌遭遇特种环境下的变化：

a. 温差（例：气候的寒热变化）

b. 浸泡（例：水等）

不同温度、不同媒介物对其结构可能潜在的影响：

测试：硅胶圈实际热胀冷缩的程度对硅胶圈与金属部分密合度的影响；

温度升高时，硅胶圈的变化（例：南非等国家的高温）；

温度降低时，硅胶圈硬化的程度（例:西伯利亚达 -40℃）；

水质浸泡对硅胶材料和胶水可能产生的影响；

汗水可能造成的腐蚀。

概率的测算：并不是每一块奖牌都会遭遇坠落硬碰硬的情况。

二、方案结构调整的可行性

1. 样品玉厚 3mm，金属边高 2mm——可调整为金属边比玉略高，用相对坚硬的金属保护玉材（实际高度要等加上起缓冲作用的硅胶膜厚度再确定）。

2. 在玉与金属面接触的环面间加硅胶膜——当奖牌玉面朝上落地时，可实现减振作用；另外，可在硅胶膜的双面加胶，在奖牌玉面朝下落地时，可实现一定的向上的拉力，减小硅胶圈的压力，进一步防止玉环直接脱落，实现硅胶膜与硅胶圈的面与边线的双保险。

三、备用更换问题

基于实际测试所得出的潜在破碎概率，计算出需要作为备用更换的玉的数量，以及其他连接物的备用数量。

四、测试期间需要的相关支持

1. 测试地点、环境——要求有能够严格调控温差的场所（-50℃到 +50℃）。

2. 实验过程的拍摄——要求有专业的拍摄机构与设备能达到试验所需的相关技术参数。

3. 测试主体物——要求提供金属与玉两部分，并能达到满足实际测试所需数量；另外，需要进一步加工方案中所需的相关连接物（例：硅胶圈、硅胶膜、胶水等），用于测试预期的减振效果。

4. 测试过程需要发生的相关费用。

"佩玉"奖牌嵌玉结构安全性的技术探讨

2006年11月初,王沂蓬副教授考虑运用计算机模拟奖牌嵌玉结构撞击试验得到相关数据,但由于玉石材料的天然特性,无法提供精确测试所需的参数,而且每次测试费用高昂,遂放弃了这一测试手段。王沂蓬副教授持续调整结构设计并请教各领域专家对嵌玉结构的建议。

左页图:王沂蓬副教授所做"佩玉"奖牌嵌玉结构安全性的技术探讨。

上图:王沂蓬副教授与薛梅同学在工作室进行奖牌跌落试验。(视频文件截屏)

第一次奖牌跌落试验

2006年11月29日,进行第一次奖牌跌落试验。

试验样品:三枚铜牌镶嵌青玉。

样品一为玉石与金属间加防爆膜。

样品二为玉石与金属间加硅胶垫。

样品三为原样品,玉石与金属直接镶嵌,不加缓冲材料。

三枚奖牌分别不加挂带自由落体于橡胶地面(水泥地面上加3mm-4mm橡胶垫)和水泥地面。高度分别距地面100cm、150cm、190cm。

测试结果表明,在金属与玉石间加缓冲层能有效提高奖牌嵌玉结构的抗冲击强度。

左页图及上图:2006年11月29日,第一次跌落试验奖牌的正、背面。

7.5 mm

8 mm

5 mm

5.5 mm

7 mm

6.5 mm

"佩玉"奖牌边宽的整体考量

"佩玉"奖牌的边宽最开始设计时主要考虑的是金玉比例的视觉美感,但之后随着奖牌用玉易碎问题的提出,以及 BOB 电视转播商的意见介入,奖牌边宽问题成为一个需要综合考虑、全方位平衡的设计议题。BOB 电视转播商的主要意见是,如果玉环面积过大,在电视转播画面中,观众可能只看见玉牌,而分不清金银铜牌的区别。

2006 年 11 月 6 日,奖牌设计修改团队按照国际奥委会、BOB 电视转播商以及北京奥组委的反馈意见,进一步增加奖牌边宽,缩小玉石面积,增加玉石的抗冲击能力,并根据电视转播对金、银、铜牌的识别性要求进行修改测试。

边宽的调整不仅对嵌玉结构的强度有重要影响,同时也会影响"佩玉"奖牌最终的整体视觉质量。

团队从奖牌整体视觉质量、转播需求、跌落强度需求等诸多方面考虑奖牌的边宽尺寸,分别有 5mm、5.5mm、6mm、6.5mm、7mm、7.5mm、8mm 等宽度选择。最终确认 6mm 边宽是平衡各方需求的最佳选择。

6 mm

左页图:各种边宽的奖牌效果图。　　　　　上图:6mm 边宽的奖牌效果图。

第四章 北京2008年奥运会奖牌设计修改完善阶段 ＋ 2006年7月—2007年3月 ＋ 第二次奖牌跌落赛试验

第二次奖牌跌落试验

2006年12月9日,在中央美院设计学院第二工作室进行第二次跌落试验。

第二次跌落试验选用6mm边宽的奖牌作为测试样品,此时奖牌的金属与玉石比例关系与之前相比有了较大变化,加宽的金属边增加了奖牌嵌玉结构的抗冲击能力。由于运动员的身高加上领奖台高度平均在200cm左右,因此测试高度调至200cm。经与金属牌面制造单位反复协商,制造方同意改变加工方式,嵌玉面由传统的冲压方式改为机加工车出来,这样槽深扩展到4cm,为玉石和内部缓冲层的厚度争取到了空间。

测试结果:

1. 玉石与金属间加垫——150cm高度/水泥地面/跌落玉石完好;200cm高度/水泥地面/跌落玉石破碎。
2. 金属内、外圈高于玉——150cm高度/水泥地面/跌落玉石完好;200cm高度/水泥地面/跌落玉石完好。
3. 金属内圈高于玉——150cm高度/水泥地面/跌落玉石完好;200cm高度/水泥地面/跌落玉石破碎。

左页图:第二次跌落试验奖牌样品。

上图:王沂蓬副教授与薛梅同学在镶嵌奖牌缓冲材料,为跌落试验做准备。

第三次奖牌跌落试验

2006年12月15日，在中央美院设计学院第二工作室进行第三次跌落试验。

基于奖牌造型的整体考虑，玉石高于金属边时，玉环呈现出最饱满、最理想的视觉效果，而在第二次跌落试验中金属边高于玉的保护性方案不仅视觉不理想，而且也没有发挥明显的抗撞击优势，因此在第三次奖牌跌落试验中主要把结构调整集中在内部缓冲层上，这样既可以满足玉石高于平面的视觉效果，又可以实现镶嵌结构的隐蔽性。

测试结果：

1. 加膜加垫——200cm高度／仿大理石地面／跌落玉石完好。
2. 加垫——200cm高度／仿大理石地面／跌落玉石完好。
3. 加液态硅橡胶——200cm高度／仿大理石地面／跌落玉石完好。

根据测试结果选定了三种结构方案：

编号：0.5-2.9-5.5——玉高出金属0.5mm，槽深2.9mm（膜厚0.3mm），奖牌厚5.5mm。

编号：0.5-4-6——玉高出金属0.5mm，槽深4mm（垫厚1mm，膜厚0.3mm），奖牌厚6mm。

编号：1-4-6——玉高出金属1mm，槽深4mm（垫厚2mm），奖牌厚6mm。

2006年12月18日，奖牌金属牌面打样标准文件发至上海造币厂，上海造币厂制作了30块奖牌——6块金牌、12块银牌、12块铜牌。12月26日30块奖牌到京。

左页图：第三次跌落试验奖牌金属样品。　　上图：第三次跌落试验奖牌用玉环以及组装好的样品。

玉高出铜厚

0.5-4-6 ← 契牌厚

玉高出金属部分 0.5mm，加膜，加1mm垫。（铜）4⊢≡ 0.85
　　　　　　　　　　　　　　　　　　（玉）3⊢≡
　　　　　　　　　　　　　　　　　　　　0.75

1-4-6

玉高出金属部分 1mm，加两层1mm垫。（铜）4⊢≡ 0.6
　　　　　　　　　　　　　　　　　　（玉）3⊢≡
　　　　　　　　　　　　　　　　　　　　0.5

0.5-2.9-5.5

玉高出金属部分 0.5mm，槽深 2.9mm，加膜。

　　　　　　　　　　　　　　　　　　（铜）4⊢≡ 0.85
　　　　　　　　　　　　　　　　　　（玉）3⊢≡
　　　　　　　　　　　　　　　　　　　　0.75

　　　　　　　　　　　　和蜡

（玉与金属 不够紧）

2006.12.27.

玉 19:00

第四次奖牌跌落试验

2006 年 12 月 28 日，在中央美院设计学院第二工作室进行第四次跌落试验。

这次测试选用一比一的完整样品实物，实摔品种增加了银牌配青白玉（由于金牌是纯银内胎镀金，所以材质特性与银牌基本一致，未另做实测）。

嵌玉结构的材料主要有：加 0.3mm 防爆膜一种，加 1mm 硅胶垫和加 2mm 硅胶垫两种。

玉面高度有：高出金属边 0.5mm 和 1mm 两种。

试验结果：

1. 加膜加垫——200cm 高度/仿大理石地面/跌落玉石有小裂纹。
2. 加垫——200cm 高度/仿大理石地面/跌落玉石完好。

测试结果表明：

1-4-6 的银牌和铜牌加挂带，由 200cm 高度自由落体跌落完好无损；向上抛扔，落地依然完好无损。这意味着玉高出金属边 1mm，金属槽深 4mm，奖牌厚 6mm，奖牌边宽 6mm，金与玉之间加 2mm 硅胶垫并由液态硅橡胶连接的奖牌嵌玉方案实现了不易破碎的要求。

2007 年 1 月 6 日，设计团队向北京奥组委提交"佩玉"方案所有打样样品、相关效果图和测试资料。

2007 年 1 月 9 日，奖牌跌落试验（开料磨玉、镶嵌、跌落测试等）资料光盘送到北京奥组委。

2007 年 1 月，北京奥组委第二次向国际奥组委提报奖牌方案。

2007 年 2 月，国际奥委会通过奖牌方案。团队着手制作最终奖牌样品，拍摄实物照片。

2007 年 2 月 26 日，撰写奖牌制作招标文件。

左页图：薛梅在玉厂组装奖牌的数据手稿。

上图：1-4-6 的银牌和铜牌样品，由 200cm 高度跌落，玉环完好无损。

第四次跌落试验奖牌样本。

2007年2月8日，国际奥委会执委会最终审议通过了北京2008年奥运会奖牌设计方案。

"北京2008年奥运会奖牌将被证明是一件艺术品，它高贵，是中国传统文化与奥林匹克精神的结合。"

——国际奥林匹克委员会

北京 2008 年奥运会奖牌最终定型

2007 年 1 月 11 日，奖牌成套实物顺利提交北京奥组委，经过修改后的"佩玉"方案得到奥组委刘淇主席及相关领导的一致好评。

国际奥委会协调委员会主席维尔布鲁根看到"佩玉"奖牌后说，"太好了，我马上可以向罗格先生进行报告，祝贺你们。"

2007 年 2 月 8 日，国际奥委会执委会顺利通过了北京 2008 年奥运会奖牌设计方案。

国际奥委会认为："北京 2008 年奥运会奖牌将被证明是一件艺术品，它高贵，是中国传统文化与奥林匹克精神的结合，我们对北京 2008 年奥运会奖牌设计表示祝贺。"

左页图：奥运奖牌尺寸图（背面）。

上图：奥运奖牌尺寸图（正面）。

"佩玉"奖牌用玉形制的后续争议

中央美院设计团队进入复评阶段之后,将方案中的玉心改为玉璧,玉璧孔径和边宽的比例问题涉及玉璧形制的规定、转播要求、工艺要求、跌落安全性要求等多方考虑,从最初设计到奖牌全球发布,一直备受各界人士关注,现以故宫博物院玉器专家杨伯达先生的意见为例。

2007年北京奥运奖牌正式发布后,故宫博物院玉器专家杨伯达先生在了解到"金镶玉"奖牌的具体尺寸后,写信给国家文物局,对奥运奖牌"玉璧"的尺寸提出了质疑并提出修改建议,北京奥组委接到国家文物局函件后高度重视,要求中央美院设计团队予以应对。

杭海副教授亲笔回信,并通过北京奥组委转交杨伯达先生。在信中,杭海副教授感谢杨伯达先生对"金镶玉"奖牌设计的关注,同时指出"金镶玉"奖牌的金玉比例经过严谨的推敲和论证,是在尊重传统理念的基础上平衡国际奥委会、北京奥组委、奥运转播商等诸多需求的产物。

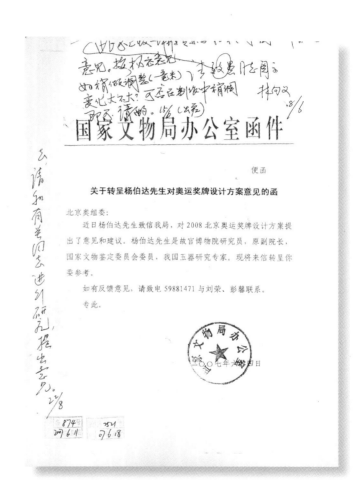

左页图:在上海造币厂组装完成的北京奥运奖牌。　　上图:北京奥组委转国家文物局意见的函件。

国家文物局单霁翔局长：

您好！

　　我是北京故宫博物院研究员杨伯达，对已公布的2008年北京奥运奖牌设计方案有一些个人看法，现将这些一己之见上报给您，同时呈报2008年北京奥组委刘淇主席。

　　获悉2008年北京奥运会金、银、铜三种奖牌背面分别嵌白色、青白色、青色玉璧，这标志继奥运徽宝（"北京印"）之后，现代奥运人文精神与中国古老玉文化传统又一次密切结合，开"金镶玉"奥运奖牌之先例，使其富有中国特色，令人无不万分振奋而欢欣鼓舞。

　　3月下旬《经济观察报》记者登门采访时看到其所示2008年北京奥运会奖牌图案，由于职业敏感，使我立即产生了所用玉"璧"不是璧而是环的感觉，我很担心因设计者不慎以环代璧而铸成本可避免的千古遗憾和笑柄。为了2008年北京奥运奖牌设计与民族传统吻合不悖，请恕我冒昧直言如下：

　　据悉已公布的尺寸是白玉璧直径62.3、内径32、厚3毫米，青白玉璧、青玉璧直径56.7、内径32、厚3毫米。如果这一尺寸无误的话，此"璧"确非"璧"而是环。璧、环的规格如何区分，只能按照古贤的界定加以诠释和利用。《尔雅》："肉倍好谓之璧，肉好若一谓之环，好倍肉谓之瑗。""肉"即边，"好"即孔，肉好比例即边与孔之比例关系。按《尔雅》界定之璧，边（肉）径要大于孔（好）径一倍，也就是小孔圜形器；环为孔与边之径相等者；瑗为孔径大于肉径一倍者，即为现代人所认同的环。以此规格对应2008年北京奥运奖牌背面所嵌三种玉"璧"，则均为玉环而绝非玉"璧"。

　　三者功能亦早有定论，无须新释。如璧为"子"、"男"爵之身份标志或用于礼天；环为佩玉或饰于胸、耳；瑗多充作手镯。概而言之，玉璧为崇高的"瑞"，即"六瑞"之一，亦是神圣的礼器，而玉环、玉瑗均不外乎是服御之器，富有世俗气息，而缺少玉璧那种神圣品格，所以在名称上不能互为代用。

　　鉴于玉璧、玉环、玉瑗三者规格（尺寸、形状）之注释、功能解读均有不同，其区别甚明，本不应混淆，然今设计者以环代"璧"，实属不妥。其实回归传统理念并不难，仅将孔径略微缩小，如"白玉璧"之孔缩减1～2毫米，孔径为31～30毫米即可；"青白玉璧"、"青玉璧"之孔径均收小3.65毫米，订正为28.35～28毫米，均将其"肉"稍加放大1～2毫米及3.65毫米即可。

　　殷切期盼2008年奥运奖牌完美无憾！

　　特此奉达　　顺致
　　夏祺

故宫博物院研究室研究员

杨伯达

2007年5月2日

杭海副教授给杨伯达先生的回函

杨伯达先生：

您好！

来函收到，首先感谢您对北京奥运奖牌设计的关注，针对您提出的疑问及建议回复如下：

（一）奖牌设计的灵感来源于东汉的双龙玉璧，对于源于《尔雅·释器》的玉璧、玉环、玉瑗的制式规定，我们认真研读过，最初的奖牌设计方案我们基本上也是按《尔雅·释器》中有关玉璧的形制来设计和制作的，但玉的面积很大，国际奥委会提出要缩小玉的面积、增大金属的面积，不然的话在电视转播过程中会让观众误以为是玉牌，而不是金、银、铜牌，此其一；之后又因为要满足国际奥委会提出的奖牌跌落不易破碎的要求，进而继续增大了奖牌金属边缘的宽度，以提高奖牌抗冲击的性能，因此玉的面积又被进一步缩小了。至此，源于中国玉璧的奖牌设计，只能取玉璧之意，而无法严格按照源于《尔雅·释器》的玉璧古制来执行了。在这一过程中，我们也特别比照了一些玉璧出土实物，发现并未有严格的对应与执行，以环的尺度制作的玉璧也有实例。

（二）针对您提出的修改意见，由于最终奖牌玉成品尺寸已缩小为外径 58 毫米，内径 31.6 毫米，厚 3 毫米。因此纵然玉放大 1、2 毫米依然无法解决问题；更为重要的是，中间的主徽"中国印"按国际奥委会的要求必须放大明显，因此缩小中间金属面积玉此要求相冲突。

结论：奖牌设计是诸多限制、诸多考虑之间平衡的产物，能让中国的玉与奥运奖牌相结合，已打破了夏季奥运会奖牌设计的惯例，其中不懈的努力与所遇艰辛难以尽述。目前奖牌设计的金玉比例已是我们能做到的最佳状态，它满足了各方的意愿，也希望能得到您的理解与支持。

左页图：杨伯达先生意见函。　　　　上图：杭海副教授给杨伯达先生的回函。

第五章 北京 2008 年奥运会奖牌附属设计

北京 2008 年奥运会获奖运动员证书设计

北京 2008 年奥运会获奖运动员证书采用中国传统宣纸印刷，辅以丝绢、绫托裱而成。明润匀洁的纸面上，水印的长城图像与祥云图形互为映衬，色调清新，趣味高雅，具有中国传统文化的审美意趣。奖牌用"玉"与证书用"帛"相结合，体现中国人民祝愿全世界各国、各地区"化干戈为玉帛"的和平愿望。

奥运获奖证书是颁发给获奖运动员的重要凭证和珍贵收藏。北京 2008 年奥运会获奖运动员证书设计贯穿奖牌设计项目的始终，随着每次奖牌设计的提案和修改，设计团队都要提交相应的获奖证书设计方案，这些方案基本沿袭往届惯例，采用纸质进行设计印刷。

按照国际奥委会的要求，证书印刷面为 A4 纸张大小，文字为法、英、中三种文字，文字信息主要是获奖运动员姓名、项目名称、获奖名次、国际奥委会主席及北京奥组委主席签名等；图形信息有奥运五环标志、北京奥运会会徽、"祥云"核心图形、长城图案等。

2006 年 10 月 25 日，北京奥组委执委会顺利通过了北京 2008 年奥运会奖牌设计"佩玉"方案，刘淇主席对相配套的获奖证书的设计提出意见，认为还不够高级，证书设计应该采用传统书画装裱工艺，更有文化内涵。根据刘淇主席的建议，设计团队一边继续微调、确认证书上的图文信息，一边开始研究传统装裱与现代印刷相结合的方式，重新设计证书。

在北京奥组委相关人员帮助下，团队找到常年从事古画复制的徐忠东先生，徐先生介绍了数位印刷技术复制中国古书画的方法，经过多次打样测试后，设计团队决定采用这一技术制作北京 2008 年奥运会运动员的获奖证书并采用传统书画装裱工艺给证书托裱绫绢，绫纹由清华大学美术学院秦岱华副教授设计。

纸质印刷的北京 2008 年奥运会运动员获奖证书。

左页图：北京奥运会运动员获奖证书前八名色彩样张。长城图案采用水印，以奥运核心图形"祥云"色彩区分名次。

上图：北京奥运会运动员获奖证书图文信息修改样张。

第五章 北京2008年奥运会奖牌附属设计 + 2006年7月—2007年3月 + 获奖证书的绣纹设计

获奖证书的绫纹设计

在"佩玉"奖牌及其附属产品设计的过程中，得到各方机构与人士的关注与帮助。其中获奖证书的绫纹设计由清华大学美术学院的秦岱华副教授完成，秦岱华是染织设计专家，她以奥运核心图形"祥云"为母体，重新设计了适合绫绢织造的四方连续云纹图案。特别定制的绫纹具有中国传统云纹的神韵，纹样流畅生动、色调古雅含蓄，从设计创意到织造工艺，都极具中国传统文化与艺术的意蕴，这一纹样同时被运用到奖牌的外包装锦盒上。绫绢样品染色打样工作则由时年已77岁的原北京东风洗染厂的侯承午老师傅亲自操作。

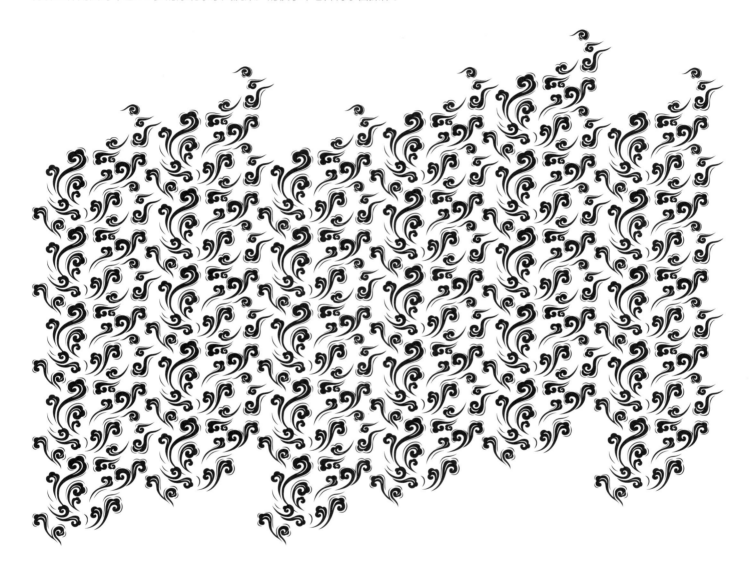

左页图：秦岱华副教授与77岁的原北京东风洗染厂的侯承午老师傅进行了绫绢样品的染色打样测试。
◎获奖证书绫绢设计采用了八种颜色，色标样从上至下分别对应1至8名获奖运动员证书的装裱。

上图：秦岱华副教授设计的"祥云"绫纹。

获奖证书的工艺制作

根据北京奥组委的要求,获奖证书必须具备耐卷曲、耐磨等功能,可靠性须达到百年,因此,制作团队对证书的制作工艺进行了反复研讨与试验。

获奖证书选用特制的传统丝绢、宣纸、专用局条及裹边仿古色宣等材料,运用水墨印制技术逼真再现奥运官员签名;在宣纸上利用显形水印工艺呈现长城图案,提升证书的防伪技术含量;采用表面丝绢、背面托宣体现中国书画装裱形式;采用挖镶工艺实现绫绢装裱的无缝隙搭接等。这些专门为获奖证书研发的工艺技术确保了获奖证书能够在体现中国传统书画装裱工艺的同时满足奥运证书的基本功能要求,并能接受气候、环境及时间的考验。北京2008年奥运会获奖运动员证书的设计经历数月的修改完善和工艺制作,堪称完美。

左页图:"祥云"纹绫绢成品。

◎获奖证书绫绢设计采用了八种色彩,分别对应第1名到第8名获奖运动员证书的装裱。

上图:制作工人在检测获奖证书的成品。

Jeux de la XXIXᵉ Olympiade Games of the XXIX Olympiad 第29届奥林匹克运动会
8-24 août 2008 August 8 - 24, 2008 2008年8月8-24日

OLYMPIC CHAMPION

Jacques ROGGE
雅克·罗格
Président du Comité International Olympique
President of the International Olympic Committee
国际奥林匹克委员会主席

LIU Qi
刘淇
Président du comité d'organisation des Jeux de la XXIXᵉ Olympiade à Beijing
President of the Beijing Organising Committee for the Games of the XXIX Olympiad
第29届奥林匹克运动会组织委员会主席

获奖证书的赛时信息打印

虽然获奖证书本身的制作在北京 2008 年奥运会开幕之前已经完成,但最终证书上的获奖信息要在奥运会赛时实时确认、打印。获奖证书信息打印工作,除了需要专门定制的特殊打印机及相关软件调试外,还需更多的信息确认步骤与制作时间。为在赛时快速准确地完成证书制作的最后一道工序,北京奥组委成立赛时证书制作团队,团队由中央美院奖牌设计团队成员、证书制作单位大唐万邦的工作人员以及数名奥运大学生志愿者组成,并紧急培训了相关工作人员的专业技能,制定了一套切实可行的证书信息确认、打印流程。各奥运赛场从第一时间传真赛时运动员名次,到最终装箱以 UPS 递出,证书制作团队快速准确地执行每一个环节,保证每位获奖运动员都能在 24 小时之内收到证书。

最终,证书制作团队顺利完成北京 2008 年奥运会赛时证书制作工作,将五千多张制作精良的证书送到获奖运动员手中。

左页图: 获奖证书赛时信息打印工作场景。

上图: 王璐与大学生志愿者在一起。
◎中央美院奖牌设计成员王璐负责赛时获奖证书信息确认与打印工作。

北京2008年奥运会奖牌漆盒包装及外包装锦盒设计

北京2008年奥运会奖牌包装盒的造型为四方形，天地盖，四边略呈弧形，喻天地四方，六合美满之意。盒子髹朱漆，盒盖上的北京奥运会会徽嵌填金色，金红辉映，喜庆祥瑞。最早拟采用传统大漆工艺制作木盒，后因为时间问题，改为喷漆工艺。

北京2008年奥运会奖牌外包装锦盒设计采用传统锦盒制作工艺，面料采用获奖运动员证书所用的托裱材料绫绢，表面纹样为"祥云"。最早拟按金、银、铜分三种颜色，最终全部使用了银灰色锦盒，锦盒经过特殊工艺处理，具有防尘、防水、防磨的功能。

左页图：在扬州大漆厂打样制作的漆盒。
◎最早设计团队在扬州大漆厂采用天然生漆制作奖牌漆盒，漆膜坚牢明亮，色泽深沉静穆，历久弥新。

上图：奖牌包装漆盒。
◎大漆制作工序繁复、周期过长，最终的奥运奖牌漆盒采用工业喷漆制作。漆盒内部设计托盘结构，可与盒盖结合以展示奖牌。

右上图：奖牌外包装锦盒。
◎中国传统织锦的光泽都是很柔和的，色调都是优雅含蓄的，奖牌锦盒的气质应该是低调淡雅，才能更好地衬托奖牌的风采。曾有记者说这锦盒看上去很旧，这是因为我们在现在环境当中看那种贼光、发亮的东西太多了。

北京2008年奥运会奖牌挂带设计

北京2008年奥运会奖牌挂带长110cm，宽2.7cm。以"祥云"核心图形为纹样，织有白色奥运"五环"标志和"Beijing 2008"字样，朱地云纹，工艺精美，喜庆祥瑞，正背两面均为相同的色泽和纹样。

奖牌挂带最初拟采用南京云锦手工织造，并进行了多次打样，南京云锦在元、明、清三朝均为皇家御用贡品，用料考究，织工精细。其工艺独特，由提花工和织造工两人在传统提花木机上配合织造完成，逐花异色，通经断纬，挖花盘织，技艺精绝。云锦体现出庄严高贵、华丽典雅的中国气派，是中国织造艺术的巅峰之作。采用传统云锦织造的丝质挂带，色彩含蓄优雅，质感华贵大方，丝质挂带与"佩玉"奖牌相配合，体现传统玉与帛的视觉意象，可以表达"化干戈为玉帛"的中国式的和平观、和谐观。但最终因为织造时间长与造价昂贵等问题，奖牌挂带最终改为普通机织。

左页图："佩玉"奖牌挂带成品。　　　　　　　　上图：工人在缝制奖牌挂带。

第六章 北京 2008 年奥运会奖牌发布

2007年的3月27日,北京2008年奥运会开幕倒计时500天,北京奥组委新闻中心在北京首都博物馆隆重召开北京2008年奥运会奖牌发布仪式。

"金镶玉"奖牌被誉为具有浓厚的中国风格,艺术风格尊贵典雅,和谐地将中国文化与奥林匹克精神结合,使北京奥运会奖牌成为宣传奥林匹克精神和北京奥运会理念、展现中国文化艺术特色和设计制作水平的载体,成为北京奥运会的一份独特的遗产。

北京2008年奥运会奖牌正式发布

2007年的3月27日，北京2008年奥运会开幕倒计时500天，北京奥组委新闻中心在北京首都博物馆隆重召开北京2008年奥运会奖牌发布仪式。

2008年奥运会奖牌直径为70mm，厚6mm。奖牌正面为国际奥委会统一规定的图案——站立的希腊胜利女神和希腊潘纳辛纳科竞技场。

奖牌背面镶嵌着取自中国汉代龙纹玉璧造型的玉璧，正中镌刻着北京奥运会会徽。奖牌挂钩由中国汉代玉双龙蒲纹璜演变而成。

整个奖牌尊贵典雅，中国特色浓郁，既体现了对获胜者的礼赞，也形象诠释了中华民族自古以来以"玉"比"德"的价值观，是中华文明与奥林匹克精神在北京奥运会形象景观工程中的又一次"中西合璧"。

国际奥委会对奥运会奖牌的材质及其识别性、重量、尺寸、图案等都有严格规定。奥运会比赛项目冠军和亚军的奖牌质地为纯银，冠军奖牌还要镀有不少于6g的纯金。以往奥运会的奖牌在材质的使用上均没有突破，北京奥运会奖牌则创造性地将玉嵌其中。这一设计不仅符合国际奥委会的相关规定，也彰显了"玉"的高贵品质，喻示了中国传统文化中的"金玉良缘"，体现了中国人民对奥林匹克精神的礼赞和对运动员的至尊褒奖。

奥运奖牌是历届奥运会最重要的景观项目之一。按照国际奥委会规定：通过征集选中的方案将作为北京2008年奥运会奖牌背面的指定形象，奖牌正面沿用国际奥委会规定的奥运奖牌形象。

北京奥运会奖牌设计方案全球征集活动在2006年1月11日启动，截至2006年3月16日，共收到应征作品265件，其中有效作品179件。应征人来自我国共25个省、自治区、直辖市和香港特别行政区以及美国、德国、澳大利亚、匈牙利、印度尼西亚、俄罗斯、以色列、芬兰等国家。

历时一年多，经过评选、修改和审定等阶段后，北京奥组委邀请专家组成的9人评审委员会选出了3件作品提交奥组委执委会审议，奥组委最终选定这一套方案作为最终方案。

蒋效愚说，与北京奥运会其他视觉形象元素设计一样，奖牌设计是集体智慧的结晶。

"我们确定了北京奥运会的奖牌方案。它具有浓厚的中国风格，艺术风格尊贵典雅，和谐地将中国文化与奥林匹克精神结合，使北京奥运会奖牌成为宣传奥林匹克精神和北京奥运会理念，展示中国文化艺术特色、设计和科技水平的载体，成为北京奥运会的一份独特遗产。"

——第29届奥林匹克运动会官方网站

左页图：奥运奖牌发布现场，模特儿展示"金镶玉"奖牌。
上图：中央美院奖牌设计团队成员在奥运奖牌发布现场，从左至右：王敏院长、王沂蓬副教授、肖勇副教授、杭海副教授、许平教授。

第七章 北京 2008 年奥运会奖牌设计访谈

王敏教授
中央美术学院设计学院院长
奥运艺术研究中心主任

王敏:这次,中央美院参与奥运(奖牌)设计,也不是我们的第一次。这几年中央美院设计学院的老师们、同学们参与了大量的奥运设计项目,特别是2004年初,中央美院在奥组委授权下成立了奥运艺术研究中心。在中心的管理下,我们不仅是参与了奥运的设计,参与了奥运整个的活动,同时这本身也是我们设计教育、课堂教学与实践相结合的一个极好的范例。所以我们很高兴这次我们老师、同学们设计的奖牌被奥组委采用。

这次奥运的奖牌设计是一个集体合作、集体创意的过程,在这里边,团队的老师们、同学们,都付出了很大的心血,不计报酬、不计名利,辛辛苦苦,真正体现了奥林匹克的精神。

这次的奖牌设计,刚才的几位老师也讲了设计理念和我们的设计追求,我觉得这里面特别值得提的是,这次奖牌的设计,我们真正是从中体现了中国的设计风格。通过奖牌的设计,将中国传统的艺术理念、中国的传统工艺都在奖牌和奖牌所附属的包装盒和证书上体现出来。在这个过程中,将中国艺术、中国文化等这些中国文化精髓的东西通过这个奖牌体现出来,我们觉得这是特别高兴的。

记者:把整个的团队介绍一下。

王敏:核心的团队(成员)有15个人左右,刚才杭老师也说了,在这个过程中,也有很多中央美院的老师来一起帮助探讨、出主意,帮着来想办法解决困难、解决问题,从中央美院的院领导到老师、学生。设计的过程不仅是一个团队集体合作的过程,同时也是得到了学院方方面面的大力支持。

如果说在这里还有要补充的,我想从一个大的理念方面来说,我们很想通过这次奥运的设计,真正提升中国的设计水准,因为奥运不仅是一个体育盛会,也是通过它来展示自己设计水准的一个机会。往届的奥运会我们都可以看到,奥运会之后举办奥运会的国家整体的设计水准都有很大的提升,而且很多国家通过奥运会都使自己的设计走向世界。对我们来说,对中央美院来说,对我们这些参与奥运设计的老师和同学来说,我们大家都有这样一个信念,都有这样一个追求:通过奥运的设计向世界展示我们一个最新的或者我们最好的一个水准。通过奥运的机会,让中国的设计师给世界的设计界带来一种新的方向或者带来一个新的精神,让大家来了解中国的设计。

记者:用奥运来提升中国设计的水准?

王敏:通过奥运来提升中国的设计水准,在这里面我想能找着中国自己原创的设计,我们走出自己的路。让中国的设计摆脱以往给人留下的印象:只是照抄,只是跟随别人发展的路,我想这也是我们为什么想在奥运设计中,从中国的视觉元素中,从中国的文化中找灵感,找出一条自己的路。

的确,用玉来做奖牌,对西方人来说,这恐怕是个特别新的东西,当然我们也考虑到,可能很多人不理解,但是大家到中国来参加北京的奥运会,这是一个过程,是让其他国家的人来了解中国的文化,了解中国的艺术,了解中国的工艺的过程。我们就是把这个当成一个过程,所以尽管在刚开始需要一个过程来让大家理解,但是我想最后一旦大家知道了玉的理念,他会对奖牌更加喜欢。

在我们给国际奥委会做汇报的时候,我们也看出,当我们把玉的理念讲出来之后,大家都马上特别喜欢它,因为就像我们刚才说的,我们想在奖牌的设计上留下一些中国的东西,留下一些我们自己的东西。以往的奖牌都是很简单的,就是一个牌子,雕刻一些图形,这次我们把玉镶嵌在上面,这本身是一次很大突破,这是一个特别有价值、有意义的东西,这也是我们往前走,来探索我们自己的设计风格、设计理念,在这样一个过程中的探索尝试,我觉得是一个特别好的开端。

记者:中国的元素挺多的,是什么原因让你们选择了这个(玉)?

王敏:我想就是刚才大家说的,就是玉的理念,它不同一般,它特别有中国特点。它让人一旦知道了以后,又觉得特别容易接受,所以我觉得(这是)评委们最后都选中玉的一个原因吧。

记者：咱们有很多学生参与，学校是怎样的考虑？学生毕竟不如设计师那样成熟，为什么会有这么多学生参与呢？

王敏：我们这个项目开始的时候，有很多同学参加，参加的时候是每个人参加一个小组，每个小组从不同的创意去做研究，然后去做设计，最后我们一轮、一轮地去做筛选。在这个筛选的过程中，我们可以把很多不同的创意提升，拿到最理想的一个方案出来，通过这个过程，我觉得对学生是一个很好的学习过程。

对于我们的设计团队来说，我觉得可以充分发挥年轻学生的创意，学生没有经验，但是他们也没有什么束缚，所以他们的创意往往更富于生命力、更富于想象力。但是仅仅靠学生一些原始的创意当然也还不够，那就是在这个过程中，我们组织学生一步步去深化。有老师们参与，使这个团队里面既有学生，也有资深的老师，同时也有学院其他的专家来参与、做指导，所以最后的结果是一个特别有专业水准的结果。

尽管可能团队里面有非专业的人员或学生，这几年我们一直采用这样的方法，就是在一个项目的初级阶段，尽量让更多的学生来参与，只要他们愿意参与。大家来参与就像奥运的精神一样，重在参与。在这个参与的过程当中，我们作为这个设计团队，还是得益了，因为就像我刚才说的，我们可能把几十个人不同的创意最后提炼出来，提升达到最终的方案，所以这是集中了很多人的智慧，集中了很多人、特别是年轻学生的丰富的想象力，所以这也是为什么我们让大家都来参与。当然从另外一个角度讲，这也是我们设计教学的一个过程，让学生来参与这样一个有意义的项目，一个特别重要的项目，让大家来参与，这对每个人都是一个很好的提升机会。

杭海副教授
中央美术学院设计学院
奥运艺术研究中心常务副主任

为什么中国人这么喜欢玉呢？因为中国古人认为玉是集天地之灵气、天地之精华的一种神秘石头，因此玉是可以连通天地的。所以在上古的时候，它一直是作为礼器，就是用来祭祀的。所以古语当中就有"苍璧礼天、黄琮礼地"，也就是说，用深蓝颜色的玉璧来礼天，用黄色的玉琮来礼地。它既然是作为一种礼器，肯定是用在盛典的时候，所以我们就想能不能把这个中国传统的、很珍贵的礼器用在奖牌的设计里面，这是我们的第一个思考。

第二个思考是从春秋战国以后，特别是到了汉代，因为尊崇儒学，而儒家一直有一个"君子贵玉"的传统。大家知道，孔子有关于玉讲过玉有"十一德"，在汉代时候，汉代的许慎讲过玉有"五德"，其实都是把孔子的一些学说里面的人格理想，仁义礼智信、道德天地等跟玉的物理属性如玉的刚硬、玉的温润等发生一些联系。由于贵玉的传统，所以在古代典籍像《礼记》当中就记载，"君子无故玉不去身"，说的就是过去道德高尚的人，玉必须随身携带。为什么？因为"君子以玉比德焉"，也就是说，玉是象征着一个君子高尚的人格。这样的一种佩玉文化从上古一直到明清，甚至到现在，我们中国人依然有佩玉的这样一种习俗。

君子佩玉还有一个原因在于，过去佩玉不完全是单玉，有时候是组玉佩，在明代我们称它为大佩，就是有丝带连接一连串的玉，这样的玉在人行走的过程中就会发出声响，所以我们有"环佩"、"环佩叮当"的这么一种说法。它就是在你走路很从容、很合乎礼仪的时候，会发出很好听的声音，一旦你走路很匆忙或者不符合礼仪，这个玉的声音就很混杂，所以实际上佩玉还有一个作用是来节制君子行步的节奏，实际上是礼仪文化的一种体现。我们感觉把佩玉文化的这样一种有关于人格理想，有关于中国的传统礼仪的观点加入在奖牌的创作理念上，是我们另外的一个思考。

记者：请能不能再深入谈谈金、银、铜牌或再讲讲三种玉的意义？

杭海：金牌用的是白玉，银牌用的是青白玉，铜牌用的是青玉。之所以选择不同的玉质，最重要的考虑有两点：第一点是因为金牌、银牌、铜牌具有不同的价值，它应该从它的品质上加以区别；第二点就是选择不同的玉的颜色、质感，是为了跟金、银、铜三种材质能够更好地配合。其实设计当中有一个很关键的东西，就是玉的面积跟周围金属面积之间的比例关系，其实我们这个奖牌一开始设计的是玉的面积要更大，（金属）边没有这么厚，中间（玉的孔径）也没有这么大，那么为什么要这么做？因为大家知道，玉璧的概念实际上就是玉的边要比孔径大，如果要是说玉边变得特别窄，那它就会变成环，最后如果极窄的话，那就变成手镯了，那就没有礼器的感觉了，所以我们希望玉的面积尽可能的大，这样才有中国玉璧的那种礼天之器的感觉。但是在这个过程当中，跟国际奥委会进行了几次沟通，他们就说，大是可以，但还得让人看出它是金牌，别最后看不见金、银没法区分了，以为是块玉牌了，那就有问题了。后来就把金属的面积或者说金属的比例加大。

还有一点就是在做跌落实验的过程当中，金属边要过窄，就容易伤害这个玉，这也是加宽它的原因，最后我们调整到目前这个比例，我们感觉是满足了方方面面的需求，是我们从工艺、从视觉美学以及奥组委的要求三方面考虑的一个最佳比例。

记者：那么这三种颜色都有什么意义？什么讲究？

杭海：这个讲究都是美学的东西，比如说我们的金牌，它用一种更加纯净、更白一点的颜色（玉料），你会发现它跟金在一起的时候，显得很富丽、很柔和、很纯净；我们的银牌颜色本身偏冷，所以它的玉质也有这种冷调，所以在一块儿会感觉调系上一致；铜牌其实也是基于这样的考虑，在这三块牌子当中，铜牌颜色最深，所以我们找了一块相对颜色比较深的（玉料），这完全就是视觉美学上的考虑。

记者：会不会每一块金牌的玉都不一样啊？

杭海：其实也是会，是这样，拿这块来说吧。大家看，这是金牌，其实我们在一开始设计的时候有很多方案，其中之一是在玉上面刻了一些纹饰，刻了一些祥云，我们还刻过长城，最后这些方案都放弃了，完全就用了没有任何纹饰的这么一块很纯粹的玉，这个考虑是根据我们中国人的美学的最高境界,就是质朴、无纹。还有一点就是刚才您说的,同样是这个玉,哪怕从同一块石头上切下来的,它依然会有不同的纹理,它会保持品质的一致,但纹理会有不同的变化,这个也是我们的一个考虑,我们感觉这样就会让每块奖牌从它的品质上(看)是一致的,但每块奖牌都是特别的,事实上每个运动员的获奖都是很特别的,我们感觉这也是非常有意思的事情。

记者:这些玉都是产自中国吗?

杭海:(向奥组委领导询问)能说吗?都是产自中国,而且都是产自一些很有名的玉产地。刚才也有朋友问,(玉)有很强的中国文化(特征),外国人不容易理解等,其实这个考虑是没有必要的,因为国际奥委会对于我们所有做的设计,提出的两点最重要的要求是:第一就是要与往届奥运会的设计不一样,第二就是要反映中国文化,这也是奥运品牌的一个特点,它都希望你有很强的地区文化特点。

记者:(奖牌)盒子呢?

杭海:我们现在看见的这个盒子还不是最终的(成品),盒子的形状是最终的,它是传统的木胎漆盒,大家可以看见这个盒子是一个四方形的,四边微微有一点弧线,是天地盖,天地盖跟四方实际上是一个六合的概念,所以是"天地四方、六合如意"这么一个概念。

这个(锦盒)是包装那个漆盒(用)的,它是采用传统锦盒的设计,它的纹样依然是用核心图形组成的祥云纹。整个纹样的设计我需要提一下,这个纹样的设计是清华大学美术学院的秦岱华教授设计的。

记者:怎么称呼这个纹样?

杭海:祥云纹。

记者:这东西怎么看起来那么旧啊?

杭海:是这样,中国真正的真丝的光泽都是很柔和的,因为我们中国人很含蓄,你看着它有点旧,是因为我们现在环境当中看那种贼光、发亮的东西太多了,其实中国的文化很含蓄、很中和。

介绍一个很有意思的过程,大家看的历届的奥运奖牌,它的挂钩都非常简单,一般就是一个直的就完了,因为它只是挂一个丝带的。那么我们设计了一个特别烦琐的挂钩,一开始我们奖牌的灵感来源是汉代的一个双龙的玉璧,大家可以看到,它的头特别烦琐,它有汉代的图案的感觉,我们一开始在这个图案上做了很多尝试,大家就想把这个作为它的挂钩,但试过来试过去觉得太复杂了,后来就换了一个。这也是汉代玉凰的一个头,刚才我们看的是双龙,这个是祥云头,这个比那个简化了一些,最后我们整个奖牌的挂钩就脱胎于这个原始的图形。这样的一个东西放上去,据我所知当时有评委提出,它最后在实际挂的过程中,会被丝带挡住,那你们还设计得这么烦琐,有必要吗?最后我们还是坚持了这样一种形式。理由何在呢?理由有两点:第一点是大家会发现有了这个头以后,它的中国汉代玉璧的感觉更强了,有特别强烈的中国风格;第二点你会发现,既然它作为一个礼器,礼器的特点就是每一个细节都特别地讲究,不仅暴露在外的讲究,哪怕挡在后面的,不为人所看见的地方,依然很讲究。我们认为中国文化就有这个特点,它是一个讲究的文化,一个精致的文化。

王沂蓬副教授
中央美术学院设计学院第二工作室导师

10月8日，交全套奖牌的样品实物到奥组委，这个时候是交的整个的实物。

经过领导审查以后，给我们提出了一个要求，就是要检测奖牌嵌玉结构强度，现在大家知道，中间是玉石，外边是金属，就可能会出现的（奖牌跌落）情况，要求被提出来了。

10月27日上午，奥组委开会探讨调整方案，这个时候是我们和别的单位一起来探讨怎么来做这个事了。

10月31日，提出关于奥运奖牌方案嵌玉结构安全性的技术探讨，继续研究。

11月6日至7日，实验各种内外环加宽的视觉效果，最后选定的尺寸是6mm，就是现在大家看到的这个边的宽度。我们从2mm到8mm做了很多视觉上的尝试，最后专家、评委和我们选定的是6mm。

11月29日，我们做了第一次跌落实验，就是把奖牌摔到地上，看看玉石会不会碎。

12月1日上午，奥组委开会研讨需要打样的实验方案，实际上就是告诉我们第一次跌落失败了。12月9日，中央美院设计学院第二工作室又进行第二次跌落实验，就是在前边的基础上重新设计方案。

12月15日，中央美院设计学院的第二工作室进行第三次跌落实验。

12月28日，中央美院设计学院第二工作室（进行）第四次跌落实验，一直在探讨玉石摔碎的问题。

2007年1月6日，交所有的打样奖牌、相关的效果图和测试的资料，这个时候这个方案算是全部完成了。做这一块费了很大的工夫。2月，我们通过了整个奖牌的方案，（只）提出了一个很小的细节（调整）。

刚才杭老师介绍了整个理念的情况，因为我从头到尾参与了整个过程，我想回忆一下整个的过程。从我一开始接到这个奖牌的标书开始，我们的心理压力是非常大的，因为招标，谁也不知道最后谁能拿下来，但是我们通过第一轮、第二轮、第三轮和后来细部的调整，最后走到了方案通过阶段。

但是这个时候，问题来了，根据往届奥运会的经验，有些运动员在获得奖牌之后，他处于一种兴奋状态，会将奖牌抛出去，然后再掉到地上，这种可能性和咱们现在的奖牌就形成了一个很大的矛盾。因为这是玉石，大家都知道玉石是很容易破碎的，这就提出了一个非常硬的指标，就是这个玉石摔下来不能碎。

这对于我来说压力非常大，因为我刚才也讲了，这时候奥组委的领导也非常重视这个事，给了我们很大的支持，这个时候我的感觉是：第一，这个问题必须解决；第二，我有什么要求都可以提出来。但是，毕竟它不是那么简单，说两句话就行的，所以第一次我们做了四个方案，怎么能防止它破碎的问题，我们做实验，在1.5m的高度掉下来就碎了，这时候给我们的时间一共有两个月，我们在做第一次实验失败以后，已经是半个月之后了，这个时候奥组委就给我们开会，说怎么解决这个问题，提出来找专家。我们就开始找专家，找了很多专家论证，可以说能找到的，我们全找了，最后给我们的答复是不可能做到。这个时候的时间已经过去了一个月了，那就是说，在剩下的一个月之内，这个事情必须解决，但是作为我们来说，没有一套完整的方案保证它不碎，因为当时定的目标是在2m的高度垂直降落在最硬的地面上，当时我们实验的是大理石、瓷砖。

然后我们又调整了方案，又进行了实验。这是第三次的实验了，这个时候实验完还剩下半个月的时候，因为（奖牌）提交国际奥委会（确认）的时间是卡死的，再一个（奖牌）生产厂家把它做出来的时间也是固定死的，这时候还有半个月的时间。说实在话，当时的压力非常大，因为你如果不在规定的时间完成，这个奖牌（方案）就等于是前功尽弃了，等于我们这些人一年的劳动都报废了，所以我们就又调整方案。我印象当中当时做了18个设计方案，当时的目的是无论如何要解决，从我个人来说，我基本上当时是睡不着觉的，因为当时的压力非常大，我们院长也知道当时的情况，领导这边着急，我心里也能理解，就是怎么解决，非常着急，我调整了 18 个方案，我们又开始试。

最后在这 18 个方案当中，其中有 1 个方案解决了这个问题，后来有录像做的记录。我几乎两个星期没睡觉，最后我完成这个奖牌（离）规定时间还有一个星期的时间，所以我说这个奖牌它就是石头也该跟我有感情了，因为我一年的时间，多少次都在研究它。

我来说说这个难度，奖牌的厚度是 6mm，石头高于奖牌 1mm，后边是浮雕，玉石的厚度是 3mm，那就是说，我唯一的办法就是在玉石的后边给我一个发挥的空间，我能想办法解决它不碎。这个给我的空间最大只能 2mm，不能再大了，因为再大后边就透了，我就必须在这 2mm 之内解决这个问题。我当时的压力比较大，也是因为请教了很多专家以后得到的答复是不能解决，我当时跟我的一个女学生继续研究，我们太累了，她也病了，我送她上医院……（流泪）我把她送到医院，继续做这个实验，当时还有 15 天，基本上就是这个过程。最后实验完了以后，我跟学生说：给奥组委打电话吧，通过了！这是最后一关。因为最后这一关是必须解决的，这是领导给我的死命令，中间所有的那些困难我觉得不算什么，包括我一开始借钱给学生吃饭。

许平教授
中央美术学院设计学院研究生处处长

杭海老师已经把我们这个奖牌的设计理念说得相当清楚了,我再简单地补充几句吧,说一下我们这个团队在这个设计过程中想追求的目标。这次设计的过程确实有很大的压力,同时对我们来讲也是非常好的一个机会,应当说从这个设计任务接到开始,作为这个团队来讲,就有一个特别中心的想法,就是如何在体现奥运精神、奥运理念的前提下,能够把中国文化的理念、精神融入到奥运精神里面去,这可能是整个设计过程里面大家最想突破的一个点,想做的一件事情。

可能大家的体会是一样的,2008年的奥运会在中国举办,虽然说中国是亚洲第三个举办奥运会的国家,但是今天所处的这个时代和当时日本、韩国举办奥运会的时代又有所不同,特别是处于中国今天的这样一个时期,怎么能够把今天中国文化的精神融入到奥运(设计)里面去,我们觉得这个意义是非常重要的,这使得它不同于我们以往做的任何一次招标设计或者标志设计。

其实这个精神也应当贯穿在我们中央美院设计学院的整个奥运设计过程里面,从奥运艺术研究中心成立以来,我们承接的各个奥运设计项目里面,大家都在追寻这样的一个目标,包括在前期的单项运动标识的(设计)项目里面也做了一些尝试。奖牌任务下来以后,整个团队中这个理念特别清晰,可以说在整个过程里面,包括前期做单项运动标识、做火炬投标里面,学院从上到下整个的团队内外所做的一系列铺垫,现在看来(是)非常重要的。在这个过程里面,给团队加深了对中国文化核心精神的理解,这对我们后来能够迅速地找到这样的一个点,把它展开设计,(将)中国的文化和奥运的目标结合起来,做了非常重要的准备工作。

当然,奖牌的理念的形成是在肖勇(副)教授、杭海(副)教授,包括整个团队的共同努力、讨论的过程中逐步明确起来的,大家都有一种理念,就是到底用什么样的方式来体现中国文化的核心精神。除了我们讲的奥运精神的"更高、更快、更强","团结、进步、发展"的这样一些精神理念以外,作为中国人来办这样的奥运会,我们希望把什么样的信息放到这样一个理念中去。

刚才杭海副教授讲了很多,这是对于整个中国文化的检索,对各种文化信息的整理,包括对玉的精神的梳理。其实我们已经放进了很多的想法和理解,不仅有刚才谈到的关于一些"君子以玉比德"的理念的展示,还有中国传统的礼,"礼"这个字本身就跟玉有直接的关系,因为许慎在《说文解字》中就说道,"理,治玉也。"就是在中国人看来,玉是一种纹理最复杂、最讲究的石器,那么如果这样的一种石器没有琢磨,它就是条理不清,所以在中文的理念里面,"礼"字本身就跟玉有直接的关系。这样的种种关联就让我们慢慢找到了如何用一种新的文化理念和奥运所要突出的价值观念之间形成一个契合点,就觉得玉这种材料应当是最合适的,当然在形式上、在处理上做了很多探讨。

当然这里面确实有一个非常核心的问题,就是国际奥委会能不能接受这样的一个材料上的突破。这个过程也是大家特别揪心的,奥委会能够接受的前提也就是除了我们在理念上给予一个特别合理的说明以外,大家也知道,这是(前)28届奥运会里面前所未有的,对下届奥运会奖牌材料的一个突破。如果突破了,我们一开始设想的把中国文化的理念融入奥运会中去的目标在一定意义上就实现了,如果没能突破的话,我们前面的所有想象可能就只是一种想象。而这里面一个非常核心的环节,就是在技术上有没有问题,这就是刚才王沂蓬(副)教授谈到的,在技术实现的过程中所做的突破,结果是通过非常艰苦(的努力)做了这一点,这也使得我们终于成功地把玉的概念在奥运奖牌设计中实现了。我觉得对整个团队来讲是非常不容易的过程,对2008年奥运会在奖牌这个项目里面的突破也是一个非常不容易的过程,这个里面的艰辛是大家彼此都能够理解的。

另外,我们还有一种理解,就是中国的文化有这么长的历史发展过程,而且它的内涵也特别的丰富,它的表现形式非常的多,那么仅仅用一种形式来体现中国文化的特点,又是我们难以做到的。所以如何去体现它的丰富性,它的综合性?所以我们想到不仅仅是奖牌的本身,围绕着奖牌周围的整个设计，我们都应该尽量把中国文化的理念，把中国人民对于奥运会良好的祝愿体现出来。所以在围绕着奖牌相关的一些设计，包括它的包装盒的设计，吊带的设计，最后获奖证书的设计，我们都想尽量地能够把中国文化里最精华的那些，在传统里面最能够体现我们的历史价值的工艺给体现出来，可以说最后它是一种组合的材料设计，做到今天这样，它已经比我们一开始设想的原点丰富了许多，应该说它是一个比较成系统的设计。

现在回顾设计过程，我感觉这个设计的过程对整个团队来讲是一个学习、成长的过程，同时也是对奥运精神加深理解、对中国文化加深理解的过程。我想奥运奖牌的设计对于中国设计来讲是一个很好的机会，同时也是很好的起点，对每个团队成员来讲，今后如何去在自身文化的基础上创造一种更高的设计境界，从奥运奖牌的设计过程中，我们得到一个非常好的证明。其实在奥林匹克的国际竞赛之前，设计竞赛实际上已经提前进入了状态，这个竞赛的对手其实不是别人，就是我们自己，就是我们中国设计师能不能把握住这样的一个机会，能够在这样的一个过程里面拿到我们设计上的金牌，我觉得这个可能是对我们最有挑战性的一点。怎么能够体现是我们自己设计的金牌，这里面非常重要的一点就是在中国文化的基础上进行创新。刚才我们也说过，比如说在我们前一阵发表的单项运动标识项目里面，我觉得中国的设计已经展示了它自己文化的创造力。

刚才我也说过，在前二十几届的奥运会里，曾经有两次机会给了亚洲国家，但是各位如果有兴趣可以去看一看前两次亚洲国家所做的单项运动标识设计和奖牌设计。当然每个国家都有自己的特点，但是我们可以说这次，第29届奥运会的设计真正地把中国文化的亮点打出来了，我们在单项运动的标识里面用的篆字，用的象形文字的元素，把中国最早的文字和图形之间的表现力融合在现代的图形符号里面，让它产生了与以前二十几届奥运会的标识（不一样的）表现力，我觉得这点已经在国际同行里面引起了积极的反响。

肖勇副教授
中央美术学院设计学院第七工作室导师

在我们整个的设计当中,我们也希望从创意上能够真正地创造出与往届很不相同的奖牌设计,所以我们对历届的上百年奥运奖牌的设计有一个整体的研究与分析。在我们设计的结果上希望有一种新的突破,而这种突破是我们希望能够通过奖牌赋予一种新的文化符号,能够展示中国的文化、思想。

另外,奥运奖牌也是对运动员最佳的一种奖励,同时奥运奖牌也传承了、记录了运动员参与北京奥运最美好瞬间的记忆,也是中国文化的一种体现。所以奥运奖牌已经不单单是一个奖牌,它成为中国文化的一个载体。所以最终的设计,我想大家也看到了,它是中西合璧的,能够传承中国传统人文符号与奥运精神的一种完美的结合,能够把这两种不同的思想和体育的精神相得益彰地整体体现。

在整体的形态上也融合了圆形和北京奥运的标志,还有包装的方形,整体的形态也体现出天圆地方的形态的认识。还有中国传统对于天、地、人,对于自然、对于人文、对于奥运精神的一种追求,同时也真正能够实现"同一个世界、同一个梦想"的完美理念。

在整个设计的过程当中,从一开始的我们中标、入围的几个方案,实际上也是经历了从100多个不同的设计方向和方案上,经过很多的筛选、推敲、提炼出来的。所以整个设计是我们几位老师和不同专业的教授一个集思广益、专业互补,是团体智慧的结晶。

在最终的设计上,我们还经历了很多细致的推敲,我觉得这也是我们在做设计的时候,能够尽广大、至精微,能够精益求精,把很多细节发挥得更加完美。比如说奥运奖牌的设计比例、尺度、材质和肌理,还有不同的效果,我觉得这些每一种细节的变化都可能反映出不同的精神和气质。我觉得如果说奥运使北京的梦想成真,那奥运奖牌的设计,我希望是中国在2008年留给奥运历史和留给奥运运动员一份美好的纪念。

从2006的1月11日拿到标书开始,到现在经历了15个月的时间,我是自始至终贯穿、经历过来的一个人吧。最开始我们十几个同学和老师建立最早的团队,不断地对方案推敲,走过了很多很多细节的过程,对于我们来说,很多可能是平时经历一般性项目,而不是这种国家性的大项目(所)体会不到的一些困难和不同的心态与角度,包括对方案和选择的策略都会有一个全新的体验。

从最早我们十几个同学在学校的简易房——我们叫"奖牌小屋"开始,日日夜夜地为奖牌做效果图、做方案开始,这15个月,我觉得我在这里面像一根线,把这15个月贯穿下来。这里面经历了很多困难,也有情绪很低落的时候,当你把这种困难和喜悦乘以15倍的概念时,它是相当巨大的。这里面不仅仅有老师的指导,还有同学们彼此之间的互相支撑。这样一点一滴、一天一天地积累了一年多的经历,也在我们小组同学之间建立起了一种非常深厚的友情,这也是这段时间让我觉得最珍贵的。

奖牌从最早的一个概念、图形,到现在的最终成品,当我拿在手里的时候,它在我心里的分量,其实就像自己的孩子一样——虽然我还没有孩子,那种感觉是每当别人拿着的时候,我都会觉得心里一颤,我会怕有破损——当然它经过测试,已经不易破碎了,但是那种爱惜的心情是由内心渗透出来的,就好像你的一个神经血脉和金属之间有一种交换的感觉。

记者:讲一个失落的时候?

薛梅:失落的时候?经常会有失落的时候。其实每次交方案都是时间很紧的,大家可能会经常熬夜,在一起连续熬好几天,每次都会觉得这次就这样了,可能就结束了,我们可能不需要再继续去坚持了,以为已经看到曙光、看到黎明了,就这样一次一次地抱着这种心态坚持到第15个月,终于这个月要发布了。其实这种心里积压很久了的东西都要释放出来,不管是对一种失落或者是另外的一种喜悦的东西,很复杂。

可能不仅是看到一个奖牌(设计)成长的经历,对我们来说,更多的是人生当中一个重要的阶段。今天过来接受采访的是我们两个学生,但是这后面还有我们十几个同学一起经历的过程,他们也是付出了非常多的辛苦。我们的工作可能细节到每天在电脑里调图,一遍遍改颜色,可能这几天你都在干一件事情,看得眼睛都发花了,但是大家都是无怨无悔的,一直挺在这里,说要改,马上去调整,从来没有人会有所抱怨:怎么还没有完。

可能正是因为同学们在一起这种无怨无悔的,互相非常亲密无间地在做这件事情,也是带给我最多的一种感触,就是在这个过程当中,大家建立起来的深厚的友情和对奖牌非常深的一种感情。我觉得这15个月是在经历奖牌(设计),也是在经历我们人生中重要的一刻。

薛梅
中央美术学院设计学院研究生

刘洋
中央美术学院设计学院毕业生

最早开始做奖牌的时候,我们是分了几组在做。因为那时候我们也是一群学生,说实话,学生对这种很大的项目经验是不够的。因为还没找到一个特别好的方法去做,我们还是分成几个组,每个组去做方案,那时候做了有100多个方案,然后从几个小组逐渐地组合,一开始是4个小组,再变成两个小组,然后最后又变成了一个小组,去做这一个我们现在看到的方案,觉得那个过程是很珍贵的。

我记得那时候很多同学熬夜,一开始的时候,我们经常要做到半夜两、三点钟才回去睡,您知道大学宿舍那时候到12点要关门的,我们就要回去敲阿姨的门,阿姨肯定就会训我们。我们就自己做了一张非常简易的小折叠床,放在那个小屋子里,大家就轮流在那儿睡,后来也不在床上睡,趴在桌上可能就睡着,然后再起来做。可以说是很艰辛的,但是现在回忆起来,那种艰辛,对我们的一生来说,也是一种很珍贵的回忆。

我记得我是从奖牌开始制作一直到7月份,那是7月3日,奥组委通知我们,说中标了,决定把这个方案递送到国际奥委会去,这时候正好是我毕业,我想这个奖牌也是送给我的一个非常好的毕业礼物。我想在这里感谢我们学院的领导对我们的支持,还有三位老师对我们的帮助。当时有很多困难,包括王老师刚才说的那些,这个他在之前都是没有告诉我的,有的事可能到今天我才知道,他之前根本没有告诉我,他就是顶着压力,他总是说刘洋你去做吧,咱们钱够,咱们没问题。那时候我们也是很有信心地在做,因为有很多困难和压力老师是自己一个人扛着的,所以我在这里非常感谢我的老师,如果没有他们对我们的这种支持,我想不知道能不能见到今天这样的场景。

我在这里还要感谢的是那些今天没有到这儿来的11位同学,虽然他们没有到现场来,但是他们实际上也为奖牌做出了非常多的工作,甚至那时候有很多他们应该上的课程,为了要克服这样的困难,他们要把一些课程耽误掉。为奖牌的设计做牺牲,甚至有的同学就为这个奖牌出国都耽误了。大家就是为了这样一个梦想坚持到底,这也就体现了我们奥林匹克的精神,让我们能够团结在一起,去完成这样一个对我们来说的事业追求。随着这个奖牌的面市,我相信,一定能够受到全世界的喜爱以及对中国文化的认可和认同。

记者:我有一个问题,就是十多个学生在这里面到底起了什么作用?他们是负责哪一块儿的工作?是画图、调图吗?

刘洋:是这样,奖牌创作的过程,首先肯定是大家要出很多个方案,我们去讨论,讨论每一个方案,然后再把每一个方案细化。就说这个"佩玉"的方案是谁想的,我们几个后来也在想这个问题,已经想不出来是谁想的这个方案了,这个方案真的是用大家的头脑、大家的智慧凝聚而成的结果,可能他说要用玉,然后他说要用这样的头,然后他再想用什么样的玉,我们真的想不出是谁做的,但是这个孩子是大家的,是属于我们这些学生、这些老师和我们的学校的。

北京 2008 年奥运会奖牌设计大事记

2006 年 1 月 11 日	北京 2008 年奥运会奖牌设计方案征集新闻发布会召开。
2006 年 3 月 26 日	中央美院奖牌设计团队向北京奥组委提交"佩玉"、"光彩"、"星云"、"丝舞"四套方案。
2006 年 4 月 18 日	北京奥组委正式通知中央美院奖牌设计团队"佩玉"、"星云"两套方案初评入围。
2006 年 5 月 22 日	中央美院奖牌设计团队向北京奥组委提交"佩玉"、"星云"两套方案的实物样品。
2006 年 6 月 14 日	"佩玉"、"星云"两套方案入围复评前三名。
2006 年 6 月 28 日	中央美院奖牌设计团队再次向北京奥组委提交"佩玉"、"星云"两套方案的实物样品。
2006 年 7 月 3 日	北京奥组委正式通知中央美院设计团队"佩玉"方案中标。
2006 年 7 月 10 日	中央美院奖牌设计团队向国际奥委会提交方案,"佩玉"英文定为"Jade Pendant"。
2006 年 8 月	中央美院奖牌设计团队前往扬州大漆厂、南京云锦研究所、上海造币厂制作奖牌实物及附属用品。
2006 年 9 月 5 日	中央美院奖牌设计团队将"佩玉"方案奖牌嵌玉面金属边宽调整为 2.5mm。
2006 年 9 月 15 日	中央美院设计团队第二次去上海造币厂打样,将"佩玉"方案奖牌嵌玉面金属边宽调整为 3.5mm。
2006 年 10 月 8 日	中央美院奖牌设计团队向北京奥组委提交奖牌全套实物样品。
2006 年 10 月 31 日	北京奥组委提出关于奖牌嵌玉结构跌落安全性的技术问题。
2006 年 11 月 6 至 7 日	中央美院奖牌设计团队确定奖牌嵌玉面金属边宽为 6mm。
2006 年 11 月至 12 月	中央美院奖牌设计团队共进行了四次奖牌跌落试验。
2007 年 1 月 6 日	中央美院奖牌设计团队向北京奥组委提交"佩玉"方案全套实物样品及跌落测试资料。
2007 年 2 月 8 日	国际奥委会通过"佩玉"方案。
2007 年 3 月 27 日	北京 2008 年奥运会奖牌正式发布。

内文用纸为 100 克欧维斯米白纸,由康戴里贸易(上海)有限公司北京分公司提供

图书在版编目（CIP）数据

玉与礼 北京2008年奥林匹克运动会奖牌设计 / 王敏，杭海主编．— 北京：中国建筑工业出版社，2012.10
（为北京奥运设计｜北京2008年奥林匹克运动会形象景观设计系列丛书）
ISBN 978-7-112-14841-7

Ⅰ．①玉⋯ Ⅱ．①王⋯ ②杭⋯ Ⅲ．①夏季奥运会—奖章—设计—北京市—2008 Ⅳ．① G811.211 ② J526.5

中国版本图书馆CIP数据核字（2012）第258822号

责任编辑：李东禧　唐　旭　吴　佳
责任校对：王誉欣　陈晶晶

顾　　问：潘公凯　谭　平　王　敏　许　平　宋协伟　杭　海　王子源　林存真
主　　编：王　敏　杭　海
编　　委：王　敏　杭　海　胡小妹　王　捷　王雪皎　陈慰平　薛　梅
整体设计：胡小妹　王　捷　陈慰平
版式设计：胡小妹　王　捷　陈慰平　王雪皎　孟　洁　吴　颜　王　璐　岳仕怡
　　　　　李　平　王　兮　牛　静　万　力　赵沅沣　花　睿　郭　鑫　张　睿
　　　　　王　岩　高璐瑜　刘　典　林　帆　李晶晶

为北京奥运设计｜北京2008年奥林匹克运动会形象景观设计系列丛书

玉与礼

北京2008年奥林匹克运动会奖牌设计

中央美术学院奥运艺术研究中心

王敏　杭海　主编

*

中国建筑工业出版社出版、发行（北京西郊百万庄）
各地新华书店、建筑书店经销
中央美术学院奥运艺术研究中心制版
北京顺诚彩色印刷有限公司印刷

*

开本：965×1270毫米　1/16　印张：11　字数：430千字
2012年11月第一版　　2012年11月第一次印刷
定价：158.00元
ISBN 978-7-112-14841-7
（22929）

版权所有　翻印必究
如有印装质量问题，可寄本社退换
（邮政编码 100037）